优势成长

成长，成事，成为极少数

青年成长导师
人生策略顾问

帅健翔 著

CS 湖南文艺出版社
HUNAN LITERATURE AND ART PUBLISHING HOUSE

博集天卷
CS-BOOKY

如果你是充满好奇心的上进星人、行动派、自我探索爱好者或终身学习的发烧友，这本书就是为你量身定做的进步宝典。

比努力更能决定人生的是优势

如果你能翻开这本书，那一定是我们的缘分。

这也说明，你人生蜕变的时刻到了！就是现在，就是此时此刻。

过去的十年，不论教学还是咨询，我接触过近百万名学员，他们问过我最多的问题，有这么几个：

- 我已经很努力了，为什么还是得不到自己想要的结果？
- 我学过很多方法和道理了，为什么人生还是毫无起色？
- 我有选择困难症，面对多个选项时，不知道该怎么办？
- 我常常陷入情绪当中，不能自拔，怎么办？
- 我有严重的拖延症，明明知道有事情要去完成，却迟迟无法开始，怎么办？
- 我很无助，不知道该如何突破瓶颈，走出目前的困境？
- 我不知道现在生活的意义是什么，也不知道未来要做什么？
- 我没钱、没人脉、起点低，我还有什么可能性？

类似的问题，不胜枚举，你是否也有过同样的问题呢？

在我看来，以上所有的问题，本质上是同一个问题：你没有找对自己的优势。又或者说，你从来都没有发现过自己的优势。

究其原因，其实是我们从小一直受到的教育告诉我们，你要平均发展，你最好和别人一样。家长用"木桶原理"教导我们，我们被告知：要补短板，直到短板和长板一样长，这个桶才能比较好地装水。可是，这样的原理早已过时，因为和别人一样，只能让你失去价值；关注短板，只会让你失去竞争力。

能适应时代变化的，是"新木桶原理"：只要你有一块长板，并把长板发挥到极致，你就会有立足之地，创造不同的人生可能。在个体崛起的时代，你根本没必要成为一个桶，你要做的反而是找到你的长板，并拿自己这块足够长的板，和其他同样高度的板，组成一个桶——拿出自己的厉害之处，和一些跟你同样厉害的人一起，分工合作，创造成果。

你没有必要次次成功，你只需要成功一次。你也没有必要样样皆通，你只需要精通一样，并把它发挥到极致。所以，你该关注的是长板，而不是短板。

再说了，人一生的时间十分有限，为何要把宝贵的精力放在自己不擅长的事情上呢？你的短板，总会是某些人的长板，遇上问题的时候，你大可寻求这些人的帮忙。

我写下这本书，是想告诉你，优势成长不仅仅是一个概念，更是一种思维方式。

人生一小部分由你做了的事决定，但大部分由你做好的事决定。所以，你不必一天做100件事情，晚上回顾一天的时候好像让自己很感动，这没有用。你要思考，今天如果只做一件事，你要把哪一件事情做到100分。正如你不必在意读过多少本书，而要在意能把一本书读多少遍，最终能把这本书读到多透、读到多好。

那能不能做好一件事，由什么决定呢？没错，就是优势。

用优势来不断辅助成长，不断成长又能反过来扩大你的优势。这是强者思维，也是一种极简又极致的思维。

请记住，找到自己的优势，是解决一切问题的关键。

记得有一次，有一个学生跑过来问我：老师，我学了 10 年英语，我已经很用功很努力了，为什么还是学不好？

我跟他说：如果你 10 年都没能学好，这就不是光努力就可以解决的问题了。

但从某种程度上，我佩服这位同学，因为很少有人会在做一件事情没有结果的时候，还能苦苦坚持下去，并长达 10 年之久。同时，我也替他可惜，因为换个角度想，如果这同样 10 年的努力，花在了正确的事情上，而不是英语上，结果会不会有所不同呢？

一般而言，没有找对优势，会导致两个最可怕的后果：一、从不开始；二、半途而废。从不开始的人，会陷入拖延和迷茫，他们会觉得生活无趣，人生没意义；半途而废的人，会陷入焦虑和抑郁，他们会认为人生艰难，自己真没用。从不开始的人，不知道未来的方向；半途而废的人，不知道努力并不是产出结果的全部条件，它只是获得成果的基本条件。

所以，这些"觉得"和"认为"都是假的，真相只有一个：我们从未在意自己的长板，我们没去找优势。所以你所谓的努力，其实都是白费力气。

说得更简单一点，你要在找到自己天赋和优势的前提下，再去设目标、定策略、找方法，再去努力，最终才能获得对应的结果。

发现优势 ➡ 设立目标 ➡ 制定策略 ➡ 寻找方法 ➡ 加倍努力 ➡ 获得成果

（个人快速成长的正确路径）

如果你想得到正确的结果，就要做正确的事。什么是正确的事？

如上图，发现和建立优势，是第一步，而不是努力。很多人的第一步，是从努力开始的，难怪得不到成果！

请永远记住，努力，不如用对力。用对力的意思是，优势有了，目标就有了；目标有了，策略和方法就会自然呈现；在此前提下，加倍努力，必能收获硕果。

开启了优势，你就开启了人生成长的高速通道，按部就班，直达结果。

而且，当你开始用对力，开始做正确的事，这整个过程，不就是成长吗？

记得从 13 岁起，我就一直任性做自己，任性到 26 岁就可以离开上班族的生活，达成不用上班的财务自由梦想。

过去 10 年间，我做过不少事，在这些事情上也获得过不俗的成绩。

13 岁尝试在大街上卖报纸，收获人生第一份收入。18 岁开始到补习社兼职，不到 20 岁成为新东方英语老师，23 岁做出微博阅读量过亿的营销创意；25 岁，成为国际认证的咨询师。到了 27 岁，成为创业导师，目前是多家公司 CEO 的军师和顾问。

这里的每一个身份都是我喜欢的，每一次不同的经历，都给了我不同的体验。

我开始发现这些年，当我开始做一件事的时候，好像我都比同龄人快一点。收获结果的时候，我又好像比同样做这件事的人多一点。

最后我发现，我做的每一件事情，之所以能产出成果，无一例外都是我发挥出了自身的优势，然后利用自己的优势，把自己不断地往前推，激发自己不断成长。

也许你想问，什么是优势成长呢？说白了，优势就是你是谁，你有什么；成长就是，你怎么去灵活运用你拥有的，从而过上想要的生活。

所以，根据个人的多年经验、思考和研究，我总结了成事的 5 个要素：

1. 与生俱来的过人天赋；

2. 该领域内长期耳濡目染的做事规则；

3. 举一反三、灵活变通的后天学习；

4. 不亚于任何人的专注和付出；

5. 跨行业专家毫无保留的帮忙助力。

前两者是优势，后三者是成长。建立优势，然后成长，是持续进步的不二法门。

当然了，1 和 2 还是最重要的，因为优势在短时间内（3–5 年）难以被超越，如果这个人还在不断成长，长时间来说，就更难被超越了。

这本书会充分讨论以上 5 个要素，并给你提供角度、提供思路、提供关于这 5 大主题的最终解决方案。

只要你知道了自己的天赋，明白事物发展的规律，能不断学习与付出，通过合理的沟通得到相关帮助，你将快人一步，无事不成。

关键是，在瞬息万变的时代，你可以以不变应万变，用"优势"来抗衡"趋势"。

一言以蔽之，优势是向内找，成长是向外走。向内探多深，向外就走多远。

🔴

最后，我想借此机会告诉你，最终决定你会成为什么人的，除了天赋以外，还有做事的标准，也就是你对自我的要求。

一个人做事的标准，决定了成果的高低。就用我的这本书来举例吧，从动笔那天开始，我就不断地问自己，我要以一种什么样的标准，来完成我的作品？

是畅销书吗？是长销书吗？是励志书、"鸡汤"，还是什么？

以上的标准，后来都被我一一否决了，因为冥冥之中，我有一种感觉，这好像都不是我想要的。

冥思苦想之下，我有了一个坚定的标准：如果数十年以后，我有了自己的后代，在我与世长辞之际，我最想跟他们表达什么呢？我最想让他们了解的改变人生、少走弯路的准则是什么呢？他们能记住的，躲开成长路上大坑，至少够用 20 年的原则和智慧又是什么呢？

简单来说，这本书的标准，不是数字，也不是他人的评价和目光。它的标准是"你"，整本书的写作焦点都放在：如何帮助你，更好地成为那个想要的自己。只要你认为，你还需要进步，这就是一本为你量身定做的书。

说实话，这本书写起来没有想象中难，但思考的时候却很痛苦，最痛苦的是得把过去 10 年所经历的所有痛苦，重新经历一遍，你要鼓起勇气，步入黑暗，重新去寻找那一束亮光。

这些痛苦的经历，有的来自我自己亲历，有的来自我微博上 100 万读者的高频提问，有的则来自我曾面对面辅导过的上万个个案。最有代表性的例子，我已经选录到书中。而书中最有价值的部分，莫过于长期以来我对这些困难、痛苦、焦虑和迷茫的研究与思考，以及我在书中给你提供不同寻常的角度，还有一学就会的应对办法。

想清楚后，我就动笔了，用了半年的时间写，又用了半年的时间改，这本书终于和你见面了。

我绝不希望，这是"又一本"你看过的励志书，我希望这是一本通俗的心理学读本，是一本思维升级读本，至少，它会是一本教会你如何正确思考，持续做正确的事，最后能够达成自我实现的指南书。至少，它会让你知道，我们应该用创意和智慧来面对生命中出现的每一个问题，而不是情绪。

我希望它能帮助每一个生命，得到足够多的成长；也希望因为它，你审视生命、对待自己人生的角度，得以完善。

心理学从被创立的那天起，就有一个重要的任务，就是教人悦纳自我。我希望这本书在你个人成长、认识自我，以及真正能够接受心里最真实的那个自我时，起到抛砖引玉的作用。

之所以说抛砖引玉，并不是妄自菲薄。书中没有非常多名人的例子，也没有盲目的励志，更没有太多高深的理论。我想让你看到的是，哪怕是像我这样一个出身平平、相貌平平、资质平平的普通人，通过发现自己优势、不断思考，再通过适度努力，学习简单实用的方法，也是能够通过持续成长，从而发展出不同可能性，或是成为任意一个想要的自己的。

我不是谁，我只是另外一个你。请记得，看这本书的时候，我不是最重要的，书不是最重要的，你才是最重要的，因为它是为你而写的。

相比起这本书的内容，更重要的是你因为这些内容，因为书上的文字，得到了思维上的打开、认知上的进步、行动上的提升。所以，书看过几遍，加以行动后，你会发现，你变成了"玉"；相比之下，这本书的内容成为了"砖"，这就是我写这本书的最大期盼与心愿。

这不是一个人对另外一个人说的话，而是一个灵魂和另外一个灵魂的交流，一颗心和另外一颗心的共振。

●

这本书的创作，我通常会选择在万籁俱寂的夜晚，来到国贸的一家24 小时咖啡馆，找一个角落，死磕自己，然后奋笔疾书。

曾经有人问：你见过凌晨 4 点的北京吗？我跟他说：凌晨 1、2、3、4、5 点的北京，我都见过。

这本书写成于夜晚，所以它也特别适合在夜深人静时阅读。我希望你可以抽一周的时间，抽出几个晚上的时间，慢慢把它读完。

而这将会成为你这一年中，意义非凡的一周。我不能保证你一定成功，但我保证，你的这一年，你接下来的生命，会因为这本书，因为发现了自己的优势，而变得不一样。

我衷心地希望，读完这本书后，你能成为这样的人：迷茫中不孤独，困难中不脆弱，痛苦中不自责，焦虑中不自弃。理智而勇敢，温柔而有力，一直追问、探求真理，直到过上想要的生活，拥有理想的人生。

期待不久的将来，我们能在街角的书店相遇，你会面带微笑地告诉我：帅老师，看了你的书，我终于活成了自己想要的样子。

如果说有什么是这本书应该让你牢记的，那就是让你记住：你找到了优势，就找到了自己；你找到了自己，世界就会找到你，而这，将是你不断成长的最大意义。

爱你的帅老师

于北京国贸

如何阅读这本书，使你的收获最大化

1. 增加遍数

全书至少读三遍，每年至少读一遍，直到完全掌握。

2. 加大投入

读书时，准备好笔，边看边画，并在空白处记录你的灵感。

3. 提问反思

读完每篇文章，回答自己以下三个问题。

- 我在这篇文章中，学到了什么？
- 我怎么把学到的运用到生活中？
- 我可以怎么用学到的帮助别人？

4. 完成作业

结合自己的过往经历和未来目标，写下每一章的学习感悟。

5. 加强交流

把你的画线好句、摘抄灵感、反思回答、学习感悟等，拍照发微博，并加上话题 # 优势成长 # 和 @ 小帅老师，就能随时和帅老师互动。

PART **3**

深度学习，成为认知突围的高手

PART 4

超级践行，用行动打破圈层

PART 5

优势升级：关注自己所有的，吸纳自己想要的

PART 6
处理好自己与他人的关系，才能赢得世界

PART

1

成长，成事，成为极少数

成长就是扩大可能，让自己"无所不能"

在微博的后台，我被咨询最多的一个问题是：如何找到下一个可能？

问题看起来有点宽泛，但事实上，找到一个可能的方法，并没有想象中的难。

当我反思过去 10 年的经历，我惊讶地发现，这不就是找到下一个可能的方法和路径吗？

1. 做好准备，开始第一个可能

18 岁那年，刚好 10 年前，我高中毕业。高考后的暑假特别漫长，我开始思考，我已经 18 岁了，我以后想要的，是一种什么样的生活？

带着这样的想法，在那个暑假，我跟其他高考毕业的同学不太一样，我没有去玩，而是选择了去做兼职。

那时候，我不太擅长与人交流，更不擅长演讲，但阴错阳差，我却到了广州当地一个非常有名的补习机构里打工，一开始，我给那个机构最有名的老师当助教。虽然是助教，但工作一点都不轻松，我要跟主讲老师一样去备课，一样地去搜集材料、准备教案，甚至设计 PPT。

有一天上课时，主讲老师没来，他拉肚子了。可是台下百十来号人，已经坐满了，总不能没人讲课吧。这个时候没办法了，赶鸭子上架，于是我作为一个助教老师，充当主讲老师，硬着头皮上去讲了一节课。我还记得，我就毫无准备地，冒着大汗，站着讲完了 3 小时的课。

下课后，同学们填写打分纸。结果，分数统计出来以后，我发现，给我的打分，比给原来的任课老师的打分还高。于是，原来的主讲老师就被换掉了，机构的主管专门来看了我后面几节课，然后对我说：小帅，You are born to teach.（你就是为教学而生的。）

后来，我不断在教学上挑战自我，19 岁面试"疯狂英语"，成功当上主讲。一年后，20 岁的我，到了梦寐以求的"新东方"学校，成为当时新东方最年轻的英文老师。

这就是我职业生涯的第一个可能性，从一个高中生，变成了知名教育机构的主讲老师。

我得到最大的启示是：没有凭空而来的机会，也没有毫无缘由的痛失良机。是不是机会，得看你有没有做好准备。

比如，新东方老师这个职位，它一直都客观存在。你没准备好的时候，你会没自信，然后打击自己：我去了也面试不上啊。或者你会对自己说：我去了也没用，我这学历人家看不上我。你还会给自己找各种理由，让自己相信前面的借口是真的。这时候，职位变成了困难和障碍。

但一旦做好准备，你就会对自己说：新东方面试小菜一碟嘛！然后你就过去了！这时候，职位才会变成你眼中的机会。

有没有发现，什么都没变，唯一改变的，只是你的准备。

所谓成长，就是扩大自己的可能，让原来的障碍，变成机会。

有人会说，老师，你最开始，从助教变为主讲，不是因为运气吗？

毕竟是人家肚子痛了，你才有的机会。

如果你这么想，可能这就是你目前还处在水深火热中的原因。你不能总把一切归因为运气啊，很多人就是因为运气来的时候没准备好，才错过了机会。不信你想一想，上次你所谓的痛失良机，到底是机会没来？还是机会来了，但你没有准备好呢？

如果最初我助教工作没有做好，没有像主讲老师一样备好课，我是无法做到临时把课讲得大家都满意，学生给我的评分甚至比原来的老师评分还要高。

机会不会突如其来，更不会突然消失。重点永远是：你准备充分，信心充足，眼下无论是一个职位，还是一次比赛或挑战，都会变成机会，呈现在你面前。

在这个世界上，机会只给那些准备好的人。

2. 经验累加，找到下一个可能

又过了一年，我 21 岁，大三的时候，叛逆的我又开始不满于现状了。

我开始在想，我想要的是什么？人生剩下不过短短 2 万天，我是要过一个充实的 2 万天的人生呢？还是说，我要把 1 天活 2 万遍？

我理智分析了一下，原来补习机构的课教得非常熟悉，虽然收入不错，但单调的重复，只为了赚几个钱，又有什么意思呢？

因为我对语言和大脑研究都非常感兴趣，在课业和上课之余，我去学习心理和咨询课程，学习教练技术。把本已不多的时间，一点一点挤出来实践和复习，最后获得了国际催眠师和 NLP（神经语言程式学）执行师的认证。

无论 18 岁还是 21 岁，当时的我，还非常年轻，没有进行过任何总结。后来猛一回头，我才发现，我仿佛找到了"发现下一个可能"的规律：我每一次可能性的展现，都是我前面所做事情的累加。

有了这个发现以后，22 岁的我就走得更加沉稳也更加自信了，因为个人的成长和进化，变得有迹可循。我把我的 18、19、20、21 岁，全加起来后，我发现，我要去学新媒体运营。

因为我想，我已经有了那么多的经验，那么多的内容，我也有那么多好的想法和观念，有没有一个容器能把这些东西都承载起来，然后传播出去呢？我认定新媒体是一个机会。

一开始我微博粉丝才 1000 人，基本上是同学和朋友。经过一年刻苦自学，在我 23 岁时，前面的累积，能让我大量生产出优质的内容，加上合理的运营，我的微博在短短一年里，粉丝就达到了 60 万人，这是我从来都没有想到过的。

一切都是最好的安排，人生没有无用之经历。很多人容易把"迷茫"挂在嘴边，迷茫是因为看不到更多的可能性。其实不需要迷茫，因为答案都藏在你过去的日子里。

你只需要像我一样，列出过去的一些成果和成绩，然后合并同类项，累加一下，看它会变成一个什么东西？很可能，这就是你目前可以努力的方向，也就是下一个可能。

请记住，每一个可能，都是前面所有经验和结果的累加。

一切的改变，都需要时间。人生的高度，不在于你历经了多少岁月，而在于历经这些岁月后，你积累了什么，又沉淀了什么。

3. 逼自己一把，让自己"无所不能"

几年的积累，我有了很好的英语教学能力，不错的演讲能力，很好的教学经验，还有心理学知识，也有新媒体运营（其实就是传播）的正确认知。

没想到，这几个经验累加起来，就在我二十四五岁时，一下子爆发了。

24岁时，2015年，我发起了全国首个线上直播的早读会，参加的同学有20万人。后来，我顺势开了英语的直播课程，有了47万的付费用户，一堂课最多的时候能来2万人，我也因此赚到了自己人生中的第一桶金。这个数据在当时，无论是新东方内部，还是整个在线教育行业，都是绝无仅有的。

但请注意，经验加起来，只能展现可能性；你还需要通过行动，来完成可能性；如果你能追求极致，超越极限，把行动最大化，就会把可能性放到最大。

别在该醒着的时候睡觉，也别在该奔跑的年龄爬行。别轻言放弃，也别太轻易放过自己。

所以，我24岁那年做了什么呢？一句话总结，讲了4000小时课。可能你不知道讲课4000小时是什么概念，这么说吧，如果每天讲10小时，一年能讲3650小时，要讲4000小时，就是平均每天讲10小时还要多一点，接近11小时。你可以想象，每天不停地讲话11小时，然后连续不停地讲一年，有多少人能做到呢？对的，几乎没有人能做到！

但最后我做到了，我逼了自己一把，把自己逼向了极限，所以我找到了我在在线教育这件事情上最大的可能性。

到了27岁，我继续累加前面的经验，我停止了讲课，开始给几个国内最大的在线教育平台做商业顾问，成为CEO（首席执行官）的军师。

这就是我18岁到27岁，这10年的大致经历。

10年是一个足够衡量对错的维度，如果说，这10年，我做对了什么？

我的总结是：今天无论做什么，每件事都尽可能做到最好，切忌得过且过；凡事加倍用心，凡事产生结果。

因为得过且过，跟没做是一个意思。不要过有中间状态的人生，要么做，要么不做；要么选择，要么不选择；要么是 1，要么是 0，千万不要 0.5。

只要你选好了，决定了，就马上行动，把它做到底，达到最优。

请相信，只要把这一刻的事情做到最好，下一步的美好就会自动呈现。

当你做好了准备，机会就会出现。

当你学会产出成果，成果就会积累。

当你习惯创造下一个可能，选项就会增加。

此时，你的生命之门就会打开，你就变得无所不能。

做好人生的顶层设计

你知道，在你至今为止的人生中，你热爱的是什么吗？

你知道，你想过一个怎么样的人生吗？

这两个问题，我问过无数人，但得到的答案都是 3 个字：不知道。

也许，你不知道要过怎么样的人生，但最起码，那应该是一个与别人不同的人生吧。

如果你要过不一样的人生，就要为你的人生，做不一样的顶层设计。

1. 什么是顶层设计

世界上，最浪费时间的事情有三：找东西，情绪失控，犹豫不决。

犹豫不决，用更通俗的说法，叫作选择困难。

你有选择困难吗？

从事教学工作和职业咨询 10 年来，我接触过 100 万名大学生，其中有这么一个问题最为经典：老师，我快毕业了，我是该考研，还是该工作？

先不提这个问题的合理性，也不论为什么大学读 4 年了，还会存在这种疑问。不可否认，这是很多同学在快毕业时，都会产生的一个"选择困难"。

而下一个"选择困难"就是：老师，我该继续做原来的工作，还是该换一份工作？

再下一个就是：老师，我要结婚了，我该选帅的，还是该选有钱的？

回到最开始的经典问题，假设这位同学的家里突然出现了状况，需要他来帮补家里的收入，这个时候，他有了一个很明确的近期目标：赚钱。所以，现在只有一个选择，只能工作，也不会存在所谓的"选择困难"了。

所以，表面上所谓的"选择困难"，其实是没有"选择的标准"。

而顶层设计，就是给你的选择立一个最高的标准。

有了顶层设计，就有了一件事的最高指标和框架，也有了完成它的方向。

对大多数人而言，他们没有标准，所以他们没有方向，不会选择。

更可怕的是，大多数时候，他们的决策标准都来自别人，或一些无关紧要的因素。

一次聚会上，知道朋友园园搬家了。我好奇地问她：不是才住半年吗？怎么好好地就搬家了？

园园说：原来的房子确实不错，我也很不舍啊。

我边吸着冰红茶，边问：那为什么要搬呢？

她说：因为家附近的外卖都吃遍了，搬一个新家，就可以吃新的外卖了。

听完她的回答，我口中的冰红茶差点没喷出来。你注意到她的决策标准了吗？我还以为她搬家的标准，最起码会是"一个更舒适的房子""性价比更高"，或至少是"离工作地点近"，万万没想到，居然是"吃新的外卖"。

如果你没有标准，试问该如何设计，又何来的人生顶层设计呢？

2. 如何做生活的顶层设计

在生活中做顶层设计，用最直白的语言来讲，就是：当你面临选择时，找出完成这件事情你最重视的因素，设立完成这件事的最高标准。

你需要问自己：做这件事情的时候，什么对我来说是最重要的？什么是我最重视的？什么是不可或缺的？

比如，如何选一本好书？

我有一个专栏，叫作《重塑思维训练营》，我在专栏里面每天给专栏的读者推荐一本书，到目前为止，给大家推荐过的书，已经有400多本了。这些书虽然来自各个领域，但推荐出来的时候，大家都感觉耳目一新。

有一位同学百思不得其解，问我：老师，你怎么总能挑到那么好的书？我们读完以后也是受益匪浅呢！

大家之所以产生疑惑，是因为不知道我挑书最重要的标准：重塑思维。

挑这些书、看这些书的时候，我注重的是：

1. 能否给你带来一个全新的角度？

2. 能否帮你突破原有的认知，超越自我？

3. 能否更加完善你解释这个世界的系统？

我近两年的阅读标准和以往已相去甚远。现在，我一般以阅读经典为主，以读原著为主，如果我要涉猎某个领域，我一定会找出该领域最经典、最权威的书籍进行阅读。书读多了以后，我最大的感悟是：读对书，比多读书，更重要。这叫精准阅读。

我还特意为此做了一个选书的顶层设计，列了4个标准。

1. 280 页以下的不读。

2. 流通低于 20 年的不读。

3. 有原版的，不读译本。

4. 作者要有实战经验，或学术成果。

而在我做职业咨询时，我也会帮来访者，做好他们个人职业的顶层设计。

前些天，朋友小雅来找我咨询，说对自己现在的工作不满，想找一份更好的工作。

因为她的上一份工作，办公室政治严重，同事面和心不和，也喜欢建小圈子；工作的收入，基本只能满足日常生活所需；有时候还要加班到半夜，甚至会占用节假日；虽然有加班费，但由于久坐劳损，补贴的费用还不够让她去定期养生；而最重要的，是她感觉自己的才华难以发挥，所以工作成绩也得不到肯定。

怎么找到一份更好的工作呢？标准是什么？

我了解了她对现状的所有不满后，跟她共同列出了 4 条。

1. 环境相对简单，同事不钩心斗角。

2. 综合收入是原来工作的 1.5 倍。

3. 准时上下班，不加班，有双休。

4. 能发挥自己的专业技能和工作特长。

这就是我给小雅做的"下一份工作"的顶层设计。

从小雅对上一份工作的最大不满，我们列出了她对下一份工作的最高要求。

我想了想，还给她加了一条：先把该做的做好，再把想做的做成。

因为这毕竟是工作，除了对客观的工作环境和条件有要求，也要对自己的主观态度有要求。而我给她加的这一条，就是我认为能帮她在工作上快速前进的，最重要的工作态度。

后来小雅很快找到了心仪的工作，半年后她被提拔到更高的位置，收入变成了原来的2倍。

在你的生活中，要是再次遇上选择的困难，不妨先花一点时间，做好这件事的顶层设计。

设计好了，标准就会有，标准有了，选择就会自然呈现。

3. 如何做人生的顶层设计

人的一生，个人部分最高的顶层设计，应该就是人生的顶层设计了。

人生的顶层设计，就是用一个极高的标准，来设立一个极高的目标。

简单说，就是：你想成为一个什么样的人？

这不是口号，也不是梦想，更不是别人告诉你该怎么做。

而是，你真真正正想要去做的事，而是，等你满头白发闭上眼之前，你回忆过往，确定，嗯，这一生就该这么过的那件事。

这就是你人生的顶层设计。

当然，这个顶层设计也定义了，你到底是一个怎么样的人。

我自己立下了几条人生的标准和原则，与你分享。

1. 吾以外皆吾师（保持好奇心，向一切学习）。

2. 及时记录（想到看到听到的，马上记下来）。

3. 一次就做好（不反复做，最多做两次）。

4. 无论在哪里，发挥自己的价值。

5. 情绪最小化，利益最大化。

6. 时刻觉察自己的注意力。

7. 点头，微笑，说是的。

8. 时常给予，不问回报。

9. 不问意义，只问合理性。

10. 随时随地，自信热情。

以上就是我对自己的要求，也是我给自己做的人生顶层设计。

我建议，看到这一章节的时候，你也可以开始动笔写下你的顶层设计。如果一下子没能写 10 条，没关系，能写几条写几条。

我这 10 条设计，现在算比较稳定，不再做修改了。你要知道，现在你看到的这个版本，并不是一蹴而就的；它并不是最初的版本，而是经过不断思考、数十次微调和学习优化后的结果。

所以，你可以先列一个最初的版本，也许它不那么完美，不重要，随后有了新的高度、新的感悟，再随时把原来的版本进行整改和替代。

因为，在你人生不断前进的过程中，你的标准和原则也应该是不断进步的。

请记住，标准决定选择，原则决定效率。态度决定高度，格局决定结局。

做好人生的顶层设计，找到人生的方向，过一个奔向顶层的人生。

如果没有赢在起跑线，那就弯道超车吧

你是不是觉得，如果没有一个很好的起点，就很难胜出。如果没有赢在起跑线，就根本没有可能赢。

从我自身经历来看，并非如此，因为，我的起跑线，甚至会不如正在读这本书的你！

我人生中的第一个大挫折——高考失利。

还记得，高三前，我一直是学霸，也是大家口中那个别人家的孩子。我是理科生，每次理科考试都满分，得过全国物理竞赛二等奖。

结果刚上高三那会儿，我一不小心，失恋了。她是我的初恋，我们从初二开始，在一起一共 5 年。我疯狂地挽回这段感情，女孩很决绝，打电话不接，发短信也不回。我每天茶饭不思，那时候的状态，不是发呆，就是睡觉。在别人最忙碌、为着自己的未来奋勇向前的时候，我却一蹶不振，萎靡不前，成绩一落千丈。

最后，我高考失手了，考上了一所二本 B 线的学校。这所学校别说你们，就连我在考上之前，都没有听过。报到的那一天，我来到学校，一看发现师兄师姐很普通，老师很普通，学习氛围也很普通。学校还高高地挂着一句很普通的办学口号：一样的大学，不一样的人生。

而且，最搞笑的是，我考上了软件学院，读外语。就好比你今天考上了音乐学院，读体育。

住进学校的头一天晚上，我失眠了，抱着被子，心如刀割，眼睛盯着黑漆漆的天花板，我想：我已经考到了这么个学校，如果我继续放任自己，继续颓废下去，大学4年以后，我可能真得响应办学口号，过上"不一样的人生"了，就是比别人都差。

我非常清楚，自己已经输在了起跑线上，我不能再输在跑道上，我要一点一点地赢回来。既然这样的生活不是我想要的，那我就给自己创造一个。

那天晚上，我做了个决定：每天早起读英语。

所以，从进入大学的第二天起，也就是18岁的那一年，我开始了早起，每天5点半爬起床，爬到学校一个叫作无边湖的地方，开始读英语。很多时候天还是黑的，为了抵住倦意，我时而放大声量，时而手舞足蹈，活像一个疯子。

我通常一读就是两个小时，学校的学习氛围不浓，所以我是无边湖的第一也是唯一，我成了湖边独特的风景线。天亮的时候，我从湖的这边总能看到对岸上早课路上经过的同学，对着我的方向指手画脚。

那时候我没有很明确的目标，也没有很清晰的理由，为什么要这样做？我只是无路可退，我必须弯道超车。

人生很多时候，根本不需要什么理由，一无所有，就是最好的理由。

就这样雷打不动，风雨无阻地坚持了半年。半年以后，有一次去饭堂，我捧着书，听到排我前面的两位女生在窃窃私语，其中一个女生对另外一个女生说：你看，他就是那个……我发现我被认出来了，很高兴，我凑过去一听，女生继续说：他就是那个疯子。我又继续把头埋回书中。

大半年过去，大一下学期，我报名参加了学校里的英语演讲比赛。作为唯一参加的大一新生，我一不小心，就得了冠军。为什么说是一不小心呢？这不是自大和骄傲，而是本来对获奖没什么期待，只是抱着试试看的态度，去锻炼一下自己。结果一下得了冠军，最佳人气奖和最佳口才奖，唯独没有拿到二等奖和三等奖。虽然很意外，但这样很不好，因为一起参赛的还有很多大三、大四的师兄师姐，毕竟人家快毕业了，想来参个赛拿个奖留个纪念，结果让你全拿了。

这次得奖让我坚定了我的方向是对的，我的努力是对的，我的策略也是对的。策略就是弯道超车。

而弯道，不过是别人觉得看不起、用不上，甚至一不小心就浪费掉的时间和空间而已。

又坚持了半年，到了大一的暑假，我注意到一则招聘：疯狂英语在全国招募 200 名大学生助教。为了继续锻炼自己，我又报了名参加面试。

回想起来，面试的过程十分忐忑。签到的时候，看到前面的人写学校名，都简短有力："中山大学""暨南大学"；见到比较长的一个是"广东外语外贸大学"，它们都是广东乃至全国都数得上名的学校。而来的人，都是我今天的对手。轮到我签的时候，只有我一个学校名那么长，我诚实写上：广州大学华软软件学院。

面试各路英雄云集，竞争很激烈，我们这场来了 100 人，最后只录取 3 个。短短 10 分钟的面试，我利用过去 1 个月午休的时间，在无边湖旁练习了 1000 遍。上台的时候，我一分不差、一字不落地讲完，表现十分精彩，几个评委连连点头，纷纷鼓掌。结果一不小心，我得到了全场最高分，我又被录用了。

好玩的是，我们被录用的 3 个人最后留下来，然后开始互相自我介绍。

第一个人说：你好你好，我是华师的！

第二个人说：你好你好，我是华农的！

我有点不好意思，又不得不说，就说：你好你好，我是华软的！

话音刚落，两人面面相觑，他们可能在想，这是什么鬼学校。

于是我淡定地说：怎么样？没有听说过吧？

他俩突然一下子握住我的手，激动地说：听说过听说过，那是一所好学校！

常言道，英雄不问出处；常言又道，不以成败论英雄。你也许会想，到底怎么才算英雄？我的经历告诉我，英雄在别人心中，意思就是：别人觉得你是，你就是。

所以，有没有发现，你在哪里，不重要；你起点低，不重要；你没赢在起跑线，也不重要；关键是，你得清楚，你想要的是什么？你要到哪里去？你如何才能反败为胜？

一旦你知道了你要到哪里去，你就很容易发现弯道，再加点自律和自觉，最后实现超车，曲径通幽。

真正赢在起跑线的人很少，也没有那么多的起跑线能让我们赢。比赢在起跑线更重要的是，为自己创造一条起跑线，发现一条属于自己的弯道。

选择过一个错峰的人生

有一天，我和好友大鹏参加 GoPro（美国运动相机品牌）新品的内部发布会。

现场有抽奖活动，最大的奖品是价值 5000 元的全新 GoPro 一台。

会场陆陆续续坐满，来的有媒体记者，也有工程师，熙熙攘攘百来人，每个人都虎视眈眈，对大奖垂涎欲滴。

主持人宣布规则：在场的各位手中都有两张纸条，请在纸条的正面写上自己的名字，纸条的背面写上 1 ~ 100 中的任意一个数字。两张纸条写的数字可以相同，也可以不同。

最后获得大奖的条件是：你写的数字在所有递交的数字里最小，并且写这个数字的人数不多于 2 个。如果两个数字同票，以更小的数字为胜。最后达成这个条件的现场观众，可以获得大奖。

听完规则，我突然意识到，这个游戏太好玩了，因为坑实在太大了。

大鹏坐在我旁边，异常兴奋，他说：这不就是咱们投行每天的工作吗？志在必得了！

大鹏是投行的资深分析师，每天和数字打交道，关于数字和概率的游戏是他的专业，10 年的工作，这更成了他的本能。

大鹏迫不及待地给我分析起来：1 ～ 100 里面填数字，我觉得填 1、2、3、4、5 的人都非常多，我觉得咱们至少要从 6 或 7 填起。

于是他麻利地在纸条上写下 6，在另外一张纸条上写下 7，然后信心满满地交给了主持人。

我稍加思考，在我的纸条上写下了 2 和 3，大鹏一眼看到，哈哈大笑：你太傻了，写这两个数字怎么可能获奖呢？

我问大鹏：为什么不呢？

大鹏说：刚才不说了吗，2、3 这两个数字虽然小，但写的人太多了，满足不了得奖条件啊。

我笑一笑：重在参与嘛！

一小时后，发布会接近尾声，来到最后的开奖环节，大家目光如炬，嗷嗷待哺。

主持人在公证员的监督下，开始统计递交上来的纸条，大家都屏住了呼吸。

主持人宣布：根据统计，递交的纸条中最大数字是 88，最小的数字是 1，由于写 1 的有 33 人，不满足规则，故作废；目前最小的数字是 2，只有 1 人；我们再看看接下来的数字 3，有 2 人写，数字 4 有 5 人写。所以获得大奖的，是这位写上了数字 2 的参与者，主持人翻到纸条背面，读出了我的名字。我从座位上麻利地站起来，奔向领奖台，留下一脸惊讶的大鹏。

回去的路上，大鹏一路沉默不语，看得出来他在思考，而我在把玩着刚赢回来的战利品。大鹏最终忍不住问：我还是百思不得其解，我的分析哪里出了漏洞，你是怎么做的？帅老师请赐教啊！

我有点得意，趁机吹个牛：你看，虽然你是投资专家，但我好歹也是几家公司的商业策略顾问嘛！

大鹏急了，说：我知道你策略一直很牛！你就快说嘛！

我清了清嗓子，跟大鹏说：其实你的分析没有错，但你忽略了最重要的一点，大多数人是怎么想的？这个游戏表面上是猜数字，但实质上是猜人心啊。

大鹏继续问：怎么说？

我说：你看我们要选一个最小的数字，1 到 100 中毫无疑问就是 1；但由于每一个人手中都有两票，大多数人会用其中的一票来碰碰数字 1 的运气，所以这个数字可以不考虑。

大鹏问：那为什么选了 2 和 3 呢？

我说：然后，我想到了 2、3，这时候你说了一句话，"这些数字都会有很多人选"。这反而提醒了我，不仅是这两个数字会有很多人选，而更多的人是像你这么想的！如果大家都在想"这些数字会有很多人选"，结果就是大家都不选，大家也就都会像你一样，碰后面的数字。

大鹏恍然大悟，随即又陷入了沉思。

人生不也是这样吗？每一次的比赛和竞争，其实就是一场博弈，取胜之道有时候很简单：反其道而行之。

这也是我认为作为普通人，最有效的逆袭方式。所谓的博弈，就是大多数人这么想的时候，你不这么想；大多数人这么做的时候，你不这么做。更进一步的话，大多数人这时候想，你换个时候想；大多数人这时候做，你换个时候做。

举个例子，在节假日调整后，我们一年当中多了很多小长假。你要是问我，对小长假有什么看法和建议？

按照刚才分析的博弈思想，我一定会回答你：待在家里，哪儿都别去。

特别是小长假！你想想，3 天假期，要是去旅行，飞过去一天，玩一天，飞回来又一天，过程手忙脚乱，筋疲力尽，第二天一大早还得上班。

这种行程两个字可以形容：折腾。这还不是重点，重点是：最折腾的还不是通勤，最折腾的是哪里都人多，哪里都要排队。

我的一位朋友，跟我分享了她上一个小长假的经历。她和闺密结伴到上海迪士尼游玩，结果进大门排队排了 2 小时，想玩的每个项目，平均排队 3～4 小时，基本没玩什么，净是排队，便累得半死。于是她们想，玩不了项目，就拍些照吧，结果拍了几张，拍出来的全是人头。这就是她们的小长假。

曾有人做过统计，如果你在中国，活到 70 岁，在你的人生总长度中，排队一共要排 8 年。换个角度来想，8 年节省下来，利用起来，你就相当于多活了 8 年。而不是把宝贵的时间，都浪费在毫无意义的排队之中。所谓十年磨一剑，如果把排队的时间都省下来，至少可以磨出个短剑吧！

于是，在利用时间方面，我给自己规定了"3 个绝不"：人多的时段绝不出门，出门绝不去人多的地方，万不得已真遇上人多的情况，排队的时间绝不浪费，合理利用。

有人又问：老师，你喝过喜茶吗？告诉你：我喝过，不过是让跑腿帮买的。因为最浪费你时间的是人多，最浪费你生命的是排队。

所以，看到人多的地方，就往人少的地方去吧；假期哪儿都人多，就待在家里吧。

接下来的问题是：待在家要干吗呢？我上课时常和大家唠的，一般人的时间使用，是大致相同的，这些时间，通常是他们被分配任务的时间，比方说上班的时间。

而人与人之间的最大区别，偏偏是你可以自由把握的时间造就的，比如说每天晚上、假期等。这就是我们上篇所说的，你能用来超车的弯道。

你利用 3 天的小长假，看一部电影，读一本书，再写两篇文章，甚至和远方的朋友通个话，过得如此舒适自在。养精蓄锐，3 天后元气满满地投入工作。这时候，你不是赢在了起跑线上，你是为自己创造了一条全新起跑线。

有人说，老师，我是个上班族！我跟别的上班族的步调是一致的，他们上班我也上班，他们下班我也下班，他们放假我也放假。

我回答：是啊，正因为你是个上班族，所以才要打破这个死循环。

怎么打破呢？你是无法不上班的，所以唯一能做的就是，别人放假的时候，你不放，做些能建设自身、让自己增值的事情。我粗略地数了一下，2018年的节假日加起来，一共有117天。这可是117天啊！我们别的不谈，你光是想象一下改变这117天的活法，利用好这117天的时间，你的这一年，会有什么不同呢？

请相信，如果你能把别人放假的时间都利用起来，不久的将来，你可能就不再是上班族了，你的时间就可能真正由自己把控，你的时间高度自由，可以进行全局的错峰，比如别人工作你放假，别人放假你工作。

什么是时间的高度自由？时间的高度自由，不是你想干什么就干什么，而是你不想干什么就不干什么。比如，比尔·盖茨约你明天喝下午茶，你说老子没空，老子要去学潜水。

来到北京后，几次我在晚高峰时出门，看到无数的年轻人堵在路上，挤在地铁上，我就很纳闷：他们为什么要选择在人最多最挤的时候回家呢？

而且大多数人，所谓要急着回家，回到家一晚上不就吃个饭，看个电视，或者打个游戏吗？这有什么意思呢？

上班高峰是躲不过了，那下班高峰你不能错开吗？

你可以选择不去挤公车挤地铁，你可以选择在公司加一下班，也可以选择在公司附近轻轻松松用个晚餐，或者在公司附近办一个健身卡每天下班去锻炼身体，甚至报个学习班学个小语种。

这里的任何一个选择，都比挤公车地铁有意义，也更有价值。

然后等你加完班、健完身、学完语言出来，大街上车站里空无一人，这时候你再从容自在地回家，不好吗？

记得有一次，朋友艾思问我：帅老师，你能给我推荐一个很多人学的课程吗？

我一听，马上否定了她，同时给了她建议：你不该学大家都在学的东西。趁年轻，你该学些大家都不太学的东西，做些大家都不太做的事情，以后的路上，才能轻易地超越他们。

艾思似懂非懂，继续问：为什么呢？

我说：如果大家都在学，大家都知道，随便问个人就能知道了。这个东西就不是知识，而是常识了。而且，知道的人多了，这个东西也失去了价值。

这就是错峰人生的精髓：选择那条少有人走的路。

不论学什么，做哪一行，选哪条路，都是千军万马过独木桥。挤在同一个入口，只能争先恐后，争个你死我活，头破血流，同时浪费了很多无谓的力气。

这时候，为什么不试试不走寻常路呢？为什么不试试另辟蹊径呢？

请记住，你总有更好的选择！

选择过一个错峰的人生，实质上是选择了不从众，选择了和自己身上的动物本能抗争，也选择了敢于和大多数人不同。

你只需要用一点勇气，来替代原来争抢的力气。

在人生前进的道路上，学会博弈，敢于成为少数人，养成错峰的思维和习惯。

而最终，你也会得到一个意料之外、情理之中的大奖呢！

做事不忘初心，成事须靠野心

我以前是新东方的老师。以前在新东方，同事都叫我东方之珠（猪）。

我觉得非常难堪，于是痛下决心减肥。

我选择的运动方式是骑马，结果骑了3个月以后，马瘦了。

这就是我过去的野心。

1. 发现自己的野心

还记得，我第一次发现野心的时候，是因为我妈。我有一位严母。

那时我刚上初一，我头一次碰到一个"野生"的外国人，我妈为了让我锻炼口语，就把我一脚踹过去。

我妈说：你学了3年英语，看你能讲多少句！

我跑过去以后，那外国人比较开朗热情。他一看，哎，中国小男孩比较可爱，于是就拍着我的头，说我长得像柯南。

当时我也比较紧张，我学了那么多年英语，当时我的脑袋里只有一句话，叫：What's your name?（你叫什么名字？）还没有等我把这一句话说出来，他就已经开始自我介绍了！

老外说：Hi, my name is David! What's your name?（嘿，我叫戴维！你叫什么名字？）

我抬起头来，有点蒙，机械式地说：Oh, David, what's your name?（哦，戴维，你叫什么名字？）

讲完以后，说了一声 Bye 我就走了。回来以后，我妈说：才说一句，继续！！！

啪，又一脚把我踹过去了。我说的第二句话，我现在还记得。你猜是什么？

你想啊，我们从小到大，都会学的是什么呢？就是"This is（这是）什么东西""That is（那是）什么东西"。

我脑袋里面常有的一句话是什么呢？This is a desk!（这是一张桌子！）That is a chair!（那是一把椅子！）我的第二句话就是这样说出来的，我发现，这个地方没有桌子，也没有椅子，我只好指着树，跟老外说：That is a tree!（那是一棵树！）

老外说：I know! 他说，他知道！

我面红耳赤，回头一看，发现我妈在看着我！她说：还有一句！

我实在找不到别的东西了，只好指着自己说：I'm a boy.（我是个男孩。）

然后老外看着我，一脸疑惑地跟我说：Ok! But I'm not interested in boys. 他说：我对男的没兴趣。老外以为我是 gay（同性恋者）。

那次以后呢，我的自信心受到了严重的打击，我觉得非常丢脸。

但是，这件事情，对我的人生来讲，非常重要！

因为，它帮我迈出了第一步！那一刻，我也下定了决心，要把英语学好！

如果你问我，什么是野心？我会告诉你：

野心就是在犹豫时，先迈一步；想放弃时，多走一步。

2. 野心，就是格外用心

记得我读初三时，我们班主任，把我叫去办公室。

她问我：小帅，你打算考哪所职中呢？

我以前是个不太喜欢学习的人，学习成绩全班垫底，而且，我还早恋。我的初恋，就在初二。

但我最讨厌别人瞧不起我，也是头一回面对如此的侮辱。我心想，我也是一个要考高中的人啊！

我很生气，问班主任：你什么意思？

班主任很镇定，说：以你现在的成绩，顶多能考上职中。

我气不打一处来，指着班主任的鼻子说：你给我等着！

说着就摔门而去，出门的一瞬间，还听到班主任说：我等着你考上心仪的职中。

我悲愤交加，回到家以后，开始起早贪黑，埋头苦干，一天学习16小时，就这样苦苦坚持了一年，中考之前，我做了两大摞跟我身高一样的题。

结果，成绩公布的时候，我获得了全年级第二，当时我的女朋友，是全年级第一。我也如愿考上了广州最好的高中。

当再次回到母校，领录取通知书时，我把成绩单和录取通知书，轻轻地放在我的班主任面前，她羞愧地低下头，流下两行热泪，对我说：我错了。

那一刻，我突然懂了：野心就是，劳人所不愿，勤人所不及，最后，能人所不能。

3. 被误解的野心

大多数人，对野心有误解。我也说过：人没有什么厉害的，人最厉害的，就是自己骗自己。

你是怎么骗自己的呢？

骗自己"有野心"的第一个方法是：喊口号。

新年到来时，我见过很多人在朋友圈发誓，我要学习，我要减肥，我要每一天写一篇文章。最多的一句口号是，我今年要学好英语。

到了年底，你会见到同一批人，又在朋友圈里悔恨：今年又没有好好学英语！

然后又到了新的一年，这批人又继续立下同一个 flag（旗）：今年要学好英语。

那些你一直想做而又没做成的事情，基本都进入了这么一个死循环。

请记住，没有付诸行动的口号，不是野心，而是吹牛。

还有一种可能就是，你以为在朋友圈喊过口号，就是行动过了，但这也不是野心，这是装作有野心。按照惯例，雷声大的人，通常雨点小；默默无闻，反而容易一鸣惊人。

骗自己有野心的第二个方法，是临时抱佛脚。这时候，你貌似目标明确，似乎动力极强。

一次四级英语开考前 10 天，有位同学雄心勃勃，跑过来问我：老师，我想考好四级！但我单词一个都没有背，怎么办？

我说：我怎么知道怎么办，只好送你 4 个字，重在参与。

结果这位同学很气愤，说：老师，你就不能帮帮我们这些有野心的学生吗？

我说：我能帮你的前提，是你先帮自己啊！而且你这不是野心，是担心！

真有野心的人，真想帮自己的人，会在四级考试3个月前问这个问题，而不是10天前。

第三个骗自己"有野心"的方式是：虚幻的力量。最近我下载了一个资讯类app，半天以后，我又把它卸载了。因为我发现，使用这种资讯类app的人，特别沉迷这种"虚幻的力量"。

他们白天在工地里搬砖，晚上回到家，又在网络上抬杠。他们用互联网当盾牌，把键盘当武器，终于成为自己幻想中的超级英雄：键盘侠。

容易因虚幻力量而满足的人，通常有个特点，就是喜欢挑错，喜欢注意那些毫不相干的细节。他们的心理是，哈哈，你看我发现你错了，我多牛，你多傻。他们不知道，他们自己才是最傻的，因为他们只能看到别人的缺点，不能看到别人的优点。

不会发现别人优点的人，就是不会学习的人。而不会学习的人，终将被时代淘汰。

类似的虚幻力量打开方式还有：在路边踹翻一个垃圾桶，在饭馆里对服务员破口大骂，在公交车上抢司机的方向盘，在超市里偷偷捏碎10包方便面。

4. 被误导的野心

除了你自己对野心的误解，还有人尝试误导你对野心的理解。

我见过网络上有位老师，教育他的学生要有野心。每一天，他都会孜孜不倦地展示他名牌的衣服、名牌的包包，隔三岔五地展示他的豪宅和豪车，还不断叮嘱他学生：今天挥汗如雨，明天挥金如土。

这不是野心，是贪心。真正的野心是：我不在意穿我身上的这件衣服多少钱，我只在意，因为我穿上了这件衣服，这件衣服值多少钱。

就像我一些作家朋友，身上穿 99 元的衣服，但因为是他穿，衣服就可能值几十万。但反观网络上的这位老师，几万元的衣服，却穿成了地摊货。

衣食住行，都是生活的基本需求，不是生活的本质。我不明白一个人穷了多久，才会每天告诉别人自己穿的衣服多少钱？我更不明白一个人要多自卑，才会用一辆跑车，来获取别人的赞美和尊重？

我真正难过的，不是这么大的世界，有一个这样的病人。我难过的是，这样的病人，居然是有 200 万粉丝的网红老师。

他每天都试图用各种物质，来激励别人：要有野心。

可是，这样的野心，是畸形的，在这种野心驱使下的行动，是可笑的。

结果你打开朋友圈，就会见到一堆拥有假野心的人。他们有钱的炫富，没钱的晒幸福；没有幸福，就晒个娃。那暂时没钱没幸福又没有娃的呢？就有什么晒什么。

比如我见过，有人晒书，他买了 10 本书，都没来得及看，就发一个朋友圈，说：我真是个爱学习的人。然后配上和这 10 本书的合照。

我还见过，有人晒步数，截一个微信运动的图，然后发个微博，说：今天我走了 1 万步。更搞笑的，下面有人马上留了一条评论：我走了 2 万步。

你一天得多么没有成就感，才会让步数成为你最大的成就感啊？

这不是野心，而是虚荣心。

请记住，只有心放对了地方，才是野心。那心放错了地方呢？就相当于没有心呗。

5. 没有野心的人，最想要的是：你和他们一样

人没有野心，还不是最可怕的。最可怕的是，没有野心的人，要把你变得跟他们一样。

记得刚进新东方那会儿，我头一回做一个 1000 人讲座。我还是个新老师，没有任何经验，很紧张。于是每天下课后，我都会跑回办公室，用上所有的时间，来准备这个讲座。

看到我专注地准备，几个老前辈走过来，拍拍我的肩，说：小帅啊，就一个讲座，随便讲，不用讲太好的。

那时候，我虽年少无知，但好在够自我，所以没听前辈们的劝告，依然每天加倍认真，努力准备。

两个月后，那场千人演讲，获得了空前的成功。不到一年，我就成了新东方学校最受欢迎的演讲师。

几年过后，我开始上网课，虽然有了些教学经验。但网络对我而言是新事物，每天下课后，我又跑进办公室，开始埋头苦干，准备网课。

这时候，一边抽烟闲聊的几个老前辈又走过来，异口同声地说：就网课嘛，不用准备的！随便讲就可以了，不用讲太好的。

这句话引起了我的警觉，我心想，怎么可以随便呢！但我情商还是在线的，我满脸堆笑，打发了老前辈，继续准备。结果不到一年，我就成了全国新东方网络上，付费学员最多的老师。

后来我离开了新东方，立志要成为一名作家。

一年多前，我开始写自己的第一本书。写作并不是我的最强项，而我对自己的要求又高，所以每天都把自己搞得焦头烂额，才写出一篇让自己满意的文章。

一次在饭局上，我又遇到几位老前辈，知道我的近况后，其中的一位前辈迫不及待给我提建议：小帅啊，你听我的，你的第一本书，别太用心！随便写就好，不用写太好的！

历史总是惊人地相似，我心里想：世界的阴暗，我早都在新东方经历过了。

但我还是装作好奇地问：为什么不用写太好呀？

前辈语重心长，说：你第一本就写那么好，后面的如果写不好，怎么办啊！

我马上接过话：前辈说得太对了，我敬你一杯。

我回到家，好奇地查了一下前辈写过的 3 本书，果然销量都不太好。

所以，下次有人告诉你，"你不用做太好"的时候，你要特别当心。而且记得，要反其道而行之。

因为这么说的人，要么是傻，要么是坏，两者必居其一。

你真正的朋友，都不会这么说；会这么说的，永远不会是你真正的朋友。

请永远守住你的野心，你不去改变世界，你就会被世界改变。

做每一件事，我的态度是：我不能保证样样完美，但我能保证事事用心。

这是我做事的初心，也是我成事的野心。

6. 真正的野心

那到底什么是野心？我的总结是：野心向内，而不向外。

野心就是你发自内心地不停留于现状，不知疲倦，不断向前，永远希望自己做得更好。

有一次，我问尚龙：你一共写过 5 本书，每一本都卖得非常好，你自己觉得，写得最好的，是哪一本啊？

他的回答让我毛骨悚然，他说了 3 个字：下一本。

那一刻，我懂得了什么叫严格要求自己，我明白了什么叫追求极致，我也彻底清楚了，什么叫野心。

很快，我就把这种精神学会了。

有一天，我女朋友跑过来问我：你一共谈过 5 个女朋友，每一个都刻骨铭心，你自己觉得，最好的是哪个？

我就跟她说：下一个。

结果，被暴打一顿（唉，所以野心还是得放对地方啊）。

7. 如何实现野心

有同学问：如果我有野心，该怎么实现呢？

我的经验是：争取每一个机会。

高中毕业，因为失恋，我考上了一个很一般的大学。我感到深深的焦虑：如果我的起点比别人低，那注定我的机会也会比别人少。

所以从那时起，我就锻炼自己，养成一个习惯，就是：抓住每一个机会。

从进大学的第一天起，我就每天早起，跑到湖边读英语。就这样雷打不动、风雨无阻地坚持读了半年，我想检验一下自己的学习成果。

正好当时外语系贴出了一张海报：英语演讲比赛，现在开始接受报名。可是，后面还跟了一行字：只限大二以上的同学参加。

我当时大一，但我还是想争取一下，于是我就跑去找到了我们的辅导员。

我跟辅导员说：我想参加英语演讲比赛。

辅导员说：不行，你是大一的。

我跟他说：我只是想去锻炼一下自己。

辅导员义正词严：不行，规定就是规定。

我继续争取：我求你了，我真的很想参加。

辅导员很坚定：不行，你不是大二的。

我说：我求求你好吗？

他说：不行就是不行。

我说：那我请你吃饭吧！

他说：那也行！

于是，我就到学校门口对面，请他吃了一碗兰州拉面，他就让我参加了。

虽然这次的比赛我没有获奖，但我明白了两个非常重要的道理：

第一，大学是多么黑暗！

第二，机会，都须要自己争取。

与其被动等待，不如主动出击。

这个世界就是这样，没野心的人，永远看到困难；有野心的人，永远看到机会。同样去了非洲，发现非洲的人不穿鞋，没野心的人很伤心，觉得卖鞋给非洲人没戏；有野心的人却很高兴，因为他觉得，可以向每一个非洲人卖鞋。

没野心的人，永远找借口；有野心的人，永远找出口。同样有一个杀人犯爸爸的两兄弟，最后一个成了杀人犯，而另一个成了警察。

争取机会，找到出口，就是实现野心的最佳途径。

如果你有野心，你要做的事情，很简单：没机会的时候，拼命准备；机会出现的时候，拼命抓住。

我很喜欢一部科幻小说，叫作《三体》。

在《三体》中，有一个极端冷酷和疯狂的人，一个被读者评估为"威慑度100%"的人——托马斯·维德。

没有地球人喜欢他，最后他也因为"反人类罪"被判死刑。

但事实证明，唯有他选择的方向，才是人类唯一的活路。而人类选择的那个充满爱的领袖，却一次次地扼杀了人类最后的生机。

维德说过两句让我印象深刻的话，一句是："你们认为没有路，是因为没有学会不择手段。"

另一句更直接："失去人性，失去很多；失去兽性，失去一切。"

而这里说的兽性，我认为，就是每个人都该拥有的野心。

当然，对于那些瞧不起你野心、嘲笑你梦想、对你指指点点的人，你不必解释。

因为懂你的人，不需要你解释；不懂你的人，解释了也没用。

你唯一需要做的，就是奋力往前奔跑，直到有一天你回头，这些人已经不在你的身后。

最后，我想跟你说：在30岁之前，你对这个世界，可以没有认知，也可以没有想法；你可以没有方向，也可以没有能力，甚至可以没有野心。你可以自甘堕落，也可以一事无成，但请相信我，到30岁之后，你就慢慢习惯了。

未来不留给你我，未来只留给不忘初心、拥有野心的人。

成长，成事，成为极少数

你有没有想过，我们每天努力地生活，拼尽全力地成长，到底是为了什么？

请你花两分钟的时间，思考一下这个问题，写下你的答案，再往后看。

有的人回答可能比较直接：要赚钱！有的人比较婉转：让生活更好一点。这些目标都没错，我相信它们也能为你在特定阶段里，提供相应的动力。但如果我们想得远一点，想再深一层呢：你努力生活，拼命成长，终极目的，是为了什么？

我回顾过去 10 年的野蛮成长，最终得出答案：就是为了改变现状，过上另外一种生活。

1. 成长的目标

但是现状是什么，另外一种生活又是什么呢？兴许你不曾想过，或不敢想象，会有另外一种生活。我们不得不承认：我们都是普通人。曾经的我，现在的你，都不例外。问题是，作为一个普通人，该如何成长，实现自我超越呢？

我有一个创办 4 年的精英社群，叫作千分之一俱乐部。一开始，大家都不明白，为什么要叫"千分之一"。

其实"千分之一"的理念很简单——人要快速成长，就要有明确的目标，目标太小没有动力，目标太大又难以实现。所以，对一个对生活现状不满、想要突破当下困境和瓶颈的普通人而言，成为百分之一太简单，成为万分之一又太难，他最恰如其分的目标，就是成为千分之一。千分之一俱乐部的目标，是帮助大家成为千里挑一。

而有趣的是，千分之一的英文，是 one in a thousand；如果取其意境，再重新翻译为中文，它的意思就是：少数人。

我们一直接受的教育观念和思维，都是把我们培养成多数人。比如说，要合群，要找一份稳定的工作，不要发表不同的意见，不要质疑权威，等等。无论你处于哪个阶段，如果你从来没有做出改变和调整，你正在执行的，就是一种"多数人模式"——你想的跟多数人一样，你关注的跟多数人一样，你做的也跟多数人一样。

但偏偏你的人生要活出精彩，发挥出自己独有的光和热，你就要不"同流合污"，你就要跳出框框思考，你就要反其道而行之，你就要成为少数人，甚至极少数人。

只有你跟多数人不一样的时候，你的未来才能不一样。

这就是我们成长的目标，你要开始学着活成少数人的样子，甚至是极少数人的样子。因为，少数意味着好，少数意味着优秀，少数意味着不走寻常路。而极少数则意味着最好，意味着最优秀，意味着例外。

多数人，就是你的现状；少数人，就是另外一种生活。

少数人的活法，就是另外一种活法。

2. 成事的思维

这个世界是谁创造的呢？没错，是少数人。

原因是，少数人的思维跟多数人不一样，所以他们能把事情做对，最后把事情做成。

少数人的思维，就是成事的思维。

你可能会问，少数人的思维是怎样的呢？那多数人的思维呢？

我总结了一下，列出最重要的几点，你也可以把这些点摘录下来，作为自我提高的要求，作为努力的方向和目标：

少数人输出，多数人输入；

少数人计划，多数人迷茫；

少数人做事，多数人做梦；

少数人坚信，多数人怀疑；

少数人反思，多数人抱怨；

少数人任性，多数人认命。

少数人充满希望，多数人胆战心惊；

少数人帮助别人，多数人麻烦别人；

少数人无私分享，多数人肆意索取；

少数人保持前进，多数人半途而废；

少数人日事日毕，多数人推托延迟；

少数人总找方法，多数人老找借口；

少数人终身学习，多数人随机学习；

少数人严于律己，多数人自我放弃。

把上面的这些特点，再做一个高度总结，我们就能轻易获取"成事"

的准则：越轻易能做的事情，越不要轻易去做。

比如，你可以想一想，晚上回到家吃完饭，躺在床上刷视频，容易不容易？容易，所以不做。但吃完饭，坐在书桌前看书，容易不容易？不容易，所以去做。因为慵懒是人的天性，做容易的事是本能，但总是做容易的事，难以锻炼出真本事。要成大事，就要开始反本能，"逆天"而行。

又比如，移动互联网时代，在网络上留下一句评论，容易不容易？容易，所以不做。但留下一大段评论，容易不容易？相对不容易，可以做。你看到微信弹出提示，马上点开，容易不容易？容易，不做。看到提示不点开，容易不容易？不容易，所以要做。有冲动很容易，有自控却很难。

所以，在冲动的时代，你要学会珍惜你的发言权和注意力，这是成事的前提和必备条件。

你不必改变潮向，也不必成为大浪，但你可以努力一下，成为一股清流。

如果你不好高骛远，踏实地把目标定为：能在自己的专业有一技之长，或在竞争的领域有一席之地，在你的小圈子里鹤立鸡群，哪怕只是把每个月的收入提高 1000 ～ 2000 元，生活也会有所起色。这个时候，看上去普通的人，也会不那么普通。因为最起码，你已经做成一件事了。

你若能成就此处，必能成就四方。人只要能做成一件事，就能做成下一件事。

你已经做多数人很多年了，从今天开始，慢慢开始改变吧，做一个有成果的少数人。

这个世界只会雇佣、奖励和容忍能成事的人。

3. 成为极少数的原则

著名小说家 Stephen King（斯蒂芬·金），在他的小说 *Under the Dome*（《穹顶之下》）中，写了一句简单又发人深省的话：We are what we do.

我们做什么事，决定了我们成为什么样的人。如果你已经打算成为极少数，要做什么事呢？又该如何开始呢？我总结了 3 点：

原则一　结对学习，及时反馈

养狗的经历，让我重新反思了学习。小边牧来到家里后，每天都有变化，每一天，它都能学会新的东西。

第一天，它学会了在哪里睡觉；第二天，它学会了在哪里上厕所；第三天，它学会了听口令坐下；第四天，它学会了爬出笼子；第五天，它学会了肚子饿的时候大叫。

虽说边牧是号称全世界最聪明的狗，但我在想，它到底是怎么知道：什么东西能吃，什么不能吃？什么能咬，什么不能咬？什么能做，什么又不能做？什么是对，什么又是错？

到底它怎么知道的？答案就是：我。更精准地说，是我给它的反馈。它做对了，我就笑；它做错了，我就凶。它从我的瞬时反应中，捕捉到这些反馈，学习便产生了。

就像你一个人独自背单词，效率肯定低！为什么？因为你只是看了一眼单词，充其量是知道了。但你背没背会呢？你不知道。原因是你的身旁没有一个小伙伴，帮你听写，帮你抽背，你们也不能互相问，你得不到任何反馈。

要想学习效果好，必须找一位学习伙伴。学习伙伴对你的最大作用，就是能给你及时反馈。你看，小汪星人的学习伙伴，不正是我这位主人吗？有句英文说得好：If you want to go fast, go alone; but if you want to go far, go together.（如果想走得快就一个人走，但如果想走得远就一起走。）

没有反馈的，叫知道；有反馈的，才叫学习。

往大一点讲，你所有在学习上的输出，都是为了从世界中获得反馈，从而帮助你进一步调整，保证自己一直做正确的事。

大多数人只知道埋头苦干，极少数人获得反馈，不断修正。

原则二　不说话，用作品说话

互联网和社交的工具，给了我们更高的话语权，也让我们说话更便利。但往往越容易得到，就越不珍惜；越是便利，就越不在意。

当你不在意，你就开始乱说话；当你开始乱说话，你就会失去好好说话的能力。网络上，你随意来个口头禅，发个表情包，其实都是在残害你的表达能力。

表达越容易的时候，你应该更警惕。在我的社群里，所有成员都会默契地保持沉默，因为我们达成了一个共识：不说话，用作品来说话。与其群聊，不如利用同样的时间，来写一篇文章。文章同样可以发表观点，可以表达高见，但不同的是：写文章的天花板更高，任务难度更大，对你来说，更有挑战。所以你在表达的同时，也在提升。

而更重要的是：你有作品了！哪怕它只有 500 字，哪怕它暂时只是一个小作品。但是，这就是改变的开始。

时时刻刻注重成果，时时刻刻产出结果。未来不留给纸上谈兵的人，未来只留给有作品的人。

原则三　兵贵神速，零秒启动

天下武功，唯快不破。其实天下所有事，都是唯快不破。

这里强调的"快"，不是达成结果的快，那样会焦虑，会沮丧，会急功近利。

　　我们所说的快，是启动速度快，凡事做了再说，错了再调整，先完成后完美。快不保证会赢，但慢了一定会输。因为，你启动快的时候，万一错了，还有机会改；但如果启动慢，错就是错了，只能成为千古恨。

　　所有人都依照"惯性"活着。什么是惯性？

　　惯性就是停下来的，就不容易动起来；动起来了，就很难停下来。

　　要打破你原有的慵懒惯性，只有一个方法：快！点！动！起！来！

　　拥有一个让自己更好的念头，清晰目标，重塑思维，知道行动的标准，并慢慢给你的生活灌注以上 3 个改变。

　　相信我，你一定会更好，所有发生在你身上的事情，也一定会更好。

　　因为你正在成长，成事，成为极少数。

前进的正确姿势

1. 第一个姿势：重复

我人生中第一次领会到极致，是我面试当新东方老师的时候。

新东方有世界上最变态的面试，一共分为 5 轮。

第一轮，就是 5 分钟的面谈，主要看你长得像不像个人、有没有基本的表达能力。

第二轮，是笔试，主要考查你的专业能力。

我前两轮都比较顺利地通过了，就来到了第三轮，第三轮比较可怕，叫批课。

批课通常就是，你回去准备一节 1 小时长度的课，准备好了，就来学校讲，由早上 9 点，讲到晚上 9 点，就反复地讲这 1 小时的课。

这时候下面是谁听呢，不是学生，而是那些教了十几年课的名师。他们太有经验了，听课的时候，他们会想尽办法来影响你讲课，一方面看看你抗干扰能力如何，另一方面呢，看看你讲课的熟练程度。

比如你在那边开始讲，他们就在下面，也不认真听，有的开始织毛衣，有的开始吃方便面，有的开始互相交谈、窃窃私语，还有的甚至开始抠脚。后来你认真一看，发现吃方便面和抠脚的，是同一个老师。你不能受影响，只能视而不见，硬着头皮往下讲。

你以为他们没听吗，其实不，他们都有听。如果觉得你讲得不好，台下的前辈，就会跳出来打断你，跟你说：你前面 40 分钟讲得不好，现在重新来一遍！你就得重来一遍。

同样 1 小时的课，反复讲，反复被批，反复调整，反复再被批。直到我们有了稳定的语速、情绪和风格。这 1 小时，就要反复被批半年的时间。半年后，你才终于知道了，什么叫讲好一节课。

批课的每一天都是绝望的，被批评的时候，感觉自己每天至少死去一次，然后第二天又活过来，继续被批。

批课期间，我看到无数的老师在途中被气哭，被骂走。一开始 100 人，批课以后进入下一轮的，往往只剩下 20 人了。

后来我知道了，为什么新东方要如此严格地要求它的老师——要把老师逼向极限，让老师做到极致？

目的就是：通过把自己逼疯，从而把对手逼死。

什么是把自己逼疯呢？或者说，什么才是真正的疯狂呢？

物理狂人爱因斯坦，曾经给疯狂下了个定义，他说，Insanity is doing the same thing over and over again, and expecting a different result.（疯狂，就是一次又一次地重复做一件事情，并期待结果有所不同。）

大量行动，反复演练，直到世界因你而不同，这是我们前进的第一个姿势。

2. 第二个姿势：孤独

过了第三轮的批课以后，我就进入了更变态的下一轮。

第四轮，叫磨课。好像带有"磨"字的事情都比较痛苦，比如说，磨炼、磨难。

什么是磨课呢？就是现在你不用准备 1 小时的课了，你要回去准备一个完整的 20 小时的课，把逐字稿写下来、背下来。准备好了以后，到学校来讲，也是从早上 9 点，讲到晚上 9 点。

这个时候，谁来听呢？就没有人来听了，那些名师都不来了，直接给你安排一个空课室，让你在里面，对着一个空课室讲课。

也许你想，那不就可以偷懒嘛！谁知道你有讲没讲呢！

你太天真了，新东方的课室都是有摄像头的。据说，主管会通过摄像头，来观察你的一举一动，最后给你一个综合的评价。

这才是最恐怖的，你不会知道主管什么时候看、什么时候不看，所以你每时每刻，都必须表现得精神抖擞、气势磅礴。

有时候，你还得进行虚拟互动。明明那个椅子上没有人，你指着空座位说，这位同学你别睡了，你看看我们这道题选什么，你选 C 对不对！没错，这道题的答案就是 C。

我们就这样磨课。但新东方大多数的学生都不知道这个事，有时候新东方的一些课室给学生上课，另外一些空的课室，就安排给新老师，进行磨课。

所以有些学生下课了，经过一个课室，从门上的玻璃往里面一瞧，发现一个老师，正在手舞足蹈地，对着一个空课室充满激情地讲课，以为发生了灵异现象，就跑去退班了。

磨课的过程一般持续半年到一年。这半年，陪伴你的只有那一个空荡荡的课室、摄像头和一份几十万字的逐字稿。

偶尔对着空荡的课室，你百感交集，莫名的孤独涌上心头，一下哽咽，眼泪不自觉地流下来。

你非常清楚自己想要的是什么，所以你用衣袖拭去眼泪，继续绘声绘色地讲课。

我的经验是，人生要真正成长，痛苦是标配，而孤独是顶配。

一个没有痛苦又不曾经历孤独的人生，可能只是 15 天试用版。

没有挑战和难关的游戏会不好玩，没有痛苦和孤独的人生也一样。

请记住，若要走出平凡，必先走进孤独。这是前进的第二个姿势。

3. 第三个姿势：内部动力

如果前 4 轮都顺利通过了，就进入了第五轮，试用阶段。试用期才是最变态的。

因为这个时候，你就得真正登上新东方的讲台，接受新东方学员的考验。

每堂课结束后，新东方都会让学员给老师打分，满分是 5 分。

有的同学比较奇怪，他的评语写：老师讲得非常好，下次还会推荐别的同学来上老师的课。然后打分，3 分。

有的同学写，老师太胖了，2 分。

还有同学写，老师是男的，1 分。

学员来到新东方，对老师是挑剔的，是高要求的，也是有期待的。他们有一个共同的期待：能学到一些东西，且学习的过程比较有趣。所以，他们就特别希望老师幽默。

你要知道，并不是每个人天生就有幽默感的。但为了尽可能满足学员期待，新东方的老师，都努力学习着如何变得更加幽默。

但有些人真的很没有天赋，他们的幽默很僵硬。比如说，曾经有一个老师，讲课讲到一大半，把电脑一盖，一脸严肃地说：今天，我们的知识点都讲完了，下面，我给大家讲一个笑话。

你有没有发现，在你给别人讲一个笑话之前，你是不需要通知别人你在讲一个笑话的。就好像，你今天穿一件运动服，上面不会写着"运动服"3个字。

虽然笑话讲得僵硬，但最起码这位老师已经开始尝试了。

开始了，就比从不开始要强。

你别以为讲好一个笑话、做好一次幽默的表达，看起来是件很简单的事情。

有时候你不小心，还会讲错。

之前我做教学培训师，专门负责教老师讲段子。有一位老师，她正要去给初二的孩子上数学课，课程的主题是"平行线"。

这位老师在上课前，专门跑来办公室，请我替她把关。

她说：帅老师，我为今天的课想了个笑话，你帮我听听，看怎么样？

我说：好啊，你说吧。

她说：我打算问我们班同学，同学们，猴子为什么不喜欢平行线啊？答案是：因为平行线，没有相交（香蕉）。

我觉得不错，因为初二的孩子也比较好满足嘛，就告诉她：可以，你放心讲去吧。

结果等她下课以后，回到办公室，我看到她一脸不高兴，我就问她：讲得怎么样啦？

她一脸懊悔，捏着拳头跺着脚，说：唉，别提了，我上课的时候一紧张，一激动，就把问题给问错了！

我说：你问什么了呢？

她说：我问同学，同学们，猴子为什么不喜欢香蕉啊？

同学们就很纳闷了：老师，猴子为什么不喜欢香蕉啊？

你看，即便准备充分，到了临场发挥，可能还会出现差错。

也许你会好奇，为什么新东方能出来那么多牛人？新东方老师，又为什么会与别的老师感觉不一样？答案就是，我们有过你难以想象的压力和历练，而这些历练，一个普通人，在其他任何地方，根本不可能得到。

但更重要的是，这些外部的刺激，严格的标准和要求，都在慢慢地转变为我们内在的动力。而这些内在的动力，让我们每天进步一点点，让我们不断地前行。

把外在刺激转化为内在动力，不断前进，达到极致。这是我们前进的第三个姿势。

4. 第四个姿势：专注

所以，以前我的眼中，这个世界上只有两种老师，分别是：新东方老师、其他老师。

直到上年，两种老师变成了3种老师，分别是：新东方老师、其他老师、"不是老师"的老师。

2017年是知识付费的高潮年，那些不是老师的人，也开始当老师了。比如说，没有写过公众号爆文的人，开一个写作课，教人写爆文。长得像鬼的人，开一个课，教个人形象管理。话都说不清楚的人，开一个课，教人高效沟通。

这时候，人心变得空前地浮躁。

比如，大家都纷纷树立自己的个人品牌，开始往自己的身上贴各种标签。

我见过比较好玩的。一开始，有人的标签是：早起。然后出现了更厉害的标签：每天早起。最后出现了一个最厉害的：每天早起吃早餐。

什么时候，每天早起吃早餐，都可以变成个人标签了？如果是我，我一定会把自己的标签改为"每天早起不吃早餐"，因为它听上去更牛。

这些所谓的个人品牌或标签，无一例外，都有一个特点，就是它们都在追求某种程度上的极致。

但这不是真正的极致，它们只是看起来很极致。

看起来的极致，其实是无力；看起来的有理，其实是掩饰。

有一年我参加一个行业大会，到了酒会环节，大家开始互相自我介绍。

第一个人说，你好，我是世界记忆大师，谁谁谁。

第二个人说，你好，我是超级演说家冠军，谁谁谁。

我想了一想，我好像没有什么听起来很厉害的头衔，但面子不能丢，只好跟他们说：你们好，我是正宗的吃货，帅健翔。

我认为，如果一个人的标签在他的名字前，他就活反了，不管这个标签看起来有多厉害。

请记住，极致永远不是听起来有多棒，也不是看起来有多好，而是把事情做完了以后有多牛。

而且，你有没有发现，一般说出来的，都做不到。而越做不到的，越要说出来。

比如，那个说"我要学习"的人从来不学习；那个说"我要减肥"的人永远瘦不下来；那个一直说"我爱你"的人，其实并没有那么爱你。

本质上越没有的东西，表面上就越要显得有。

比如，天天在朋友圈学习打卡的人，表面上很自律，实际上，自制力反而偏弱。而天天发书晒书的人，表面上很爱学习，但实际上，肚子里的墨水，可能少得可怜。天天在朋友圈发山珍海味的人，可能是平常吃不上什么好东西，也有可能他本来就是卖这个的。

你是什么样的人，偏偏不会说自己是这样的人。真相通常都是反的。

我写过一篇文章，叫《未来只留给有野心的人》，里面有一个最重要的观点，叫：野心向内，而不向外。

能把事情做到极致的人，也一定会从自己的内在，去寻找那个更好的世界。

因为，只要你试图向外、试图展示、试图炫耀、试图显摆，离极致就会差了那么一点点。而差了那么一点点，就不是极致了。

你本该全心全意放在食物的美味上，却边吃边拍照，还边发朋友圈，就注定尝不到美食最原本的味道。你本该全心全意放在写作的内容上，却边写边想着稿费，就注定你的作品成不了杰作。你本该全心全意放在阅读的文字上，却边读边想着怎么让自己看起来更有学问，就注定最后的学习效果半斤八两。

你关注了无关紧要的事情，却忘记了做这件事的初心，最终只能无法践行极致。

全情投入，心无旁骛。这是我们前进的第四个姿势。

5. 第五个姿势：顺势

但是，极致践行就是努力吗？或者说，努力，就能达到极致吗？

我想说：你想多了。

我们知道条条大路通罗马，但我们忽略了，有的人，本来就生在罗马。

我们知道丑小鸭会变成白天鹅，但我们忽略了，丑小鸭的父母，本来就是天鹅。

我们要看到自己的可能，也要看到自己的限制。

一个人真正成熟的开始，就是愿意承认，其实自己也有很多东西不太擅长。

只要是你不擅长的事，你再努力，也永远不可能达到极致，更不可能极致践行。

你没必要复制别人的活法，你也无法用别人的地图来走自己的路，你只需要记住，每个人都有自己的花期，总会有你绽放的时候。

你不仅要找到自己的核心竞争力，还要找到自己的独家竞争力。

你要看看你的身上，到底有什么样的能力，是"只此一家，别无分号"的？有什么素质，是绝无仅有的？自己的能力和素质，放在什么地方，会最有用？

要想达到极致，努力是必备条件，但天赋，是先决条件。

请把你的努力，都用在你的天赋上。天赋就是你天生的优势，你要做的，就是顺势而为。

要极致践行，更要顺势而为。这是前进的第五个姿势，也是最重要的姿势。

要前行，要一路高歌，先要方向正确，然后要姿势正确，当你把所有事情都做对了，极致的结果自然会出现。

PART

2

优秀是选择了天赋
还是刻意练习

天赋，就是努力用对了方向

我是个扑克高手，我总结过，在任意一种扑克游戏里，输掉比赛的 3 种最常见情况是：

1. 有一手好牌，放弃太早；

2. 有一手烂牌，放弃太晚；

3. 不知道比赛规律，胡乱出牌。

人生，不也是这样吗？

好牌烂牌，是你的天赋和资源；什么时候打，什么时候放弃，是策略和选择；但影响你对天赋资源用什么策略、做什么选择的，偏偏是第三种情况，对比赛规律的全局认知，又或者说，对比赛本质的认知。

如果你只停留在比赛的表象，不关心比赛的本质，你就永远不会成为高手，也没有机会成为优胜者。

你要开始学会分清什么是现象，什么是本质。因为现象可能迷惑你，只有本质才能引领你，在对的方向上，用对你的努力，把天赋发挥到极致。

用对力，就是在事情的本质上用力。经过大量的自学、教学、实践和总结，我发现，在本质上努力有 3 个层次。

1. 第一个层次：内在的规律

世间万物，皆是知识。生活，是最好的教科书。我们用学习来举例。

你学一个东西的时候，不能只停留在表面，见山是山。你要学会马上去关注这个东西的规律是什么，总结规律也许会花一点时间，但规律的主要作用，是让你举一反三、一理通百理明，后面再学其他东西的时候，也就快了。

就像现在，沟通是为了以后不浪费时间反复沟通。回家进门的时候放好钥匙，是为了下次出门不浪费时间找钥匙。

解决问题的最好办法，就是不让问题发生。总结出规律，是为了以后不花时间从头开始。所以，你要学习，就得了解学习的套路；你要耕种，就得明白节气的规律；你要和人打交道，就要知道人性的弱点；你要创作，就得清楚创作的规律。

比如，讲故事的规律。

我从小就爱看武侠小说，你会发现，当你看过 100 部武侠小说后，自己也能写出一部来，为什么？因为武侠小说的规律和套路，你都非常清晰了。

比如今天我来给你出个题，让你用 5 分钟的时间，构思一部有头有尾、情节跌宕起伏的武侠小说。看起来有点难，但经过我的引导，你随意都能写出来。

我们先来思考第一个问题，如果我要写一部武侠小说，我要给主角改一个名字。我问你，给主角改名字，按照你了解的规律，通常他是用单姓还是复姓呢？肯定是复姓，比如说欧阳锋、独孤求败，还有一个更牛的，叫东方不败。你想，如果他是单姓的话，感觉就很奇怪，比如他姓王，叫王不败。所以，你总结出了改名字的规律：牛人用复姓，不牛的用单姓。

第二个问题，我们要给主角配一件武器，该选择什么呢？肯定给他配一把剑，因为按照武侠小说里的一般规律，武林高手要么用剑，要么就啥都不用。武器比较奇怪的，通常活不过今晚，像什么金刀王元霸，就是一出来两页纸就被砍死的那种。所以，武器要么用剑，要么用掌。

第三个问题，我们要设置一个开头，给主角设定一个背景。我想问，他是一开始就很牛，还是慢慢变得牛？肯定慢慢变牛啊！一开始就很牛，这个故事还有什么好看的。所以，按照规律，通常这个主角的背景是：身负血海深仇。比如说有一天主角回到家，一脚踹开他家大门，发现家里所有人都死光了，包括他爸、他妈，甚至连他们家的狗，全都死掉了。这时候，主角伤心欲绝，跪倒在地，仰天长啸：这是谁干的？！话音刚落，暗处里跳出七八个黑衣人，说：这是我们干的，我们连你也要干死！

主角就很尴尬，因为黑衣人武功都很强，主角一开始又很弱。打又打不过，就只能逃跑。

第四个问题，安排跌宕起伏的情节，要有矛盾冲突点。那逃跑，有没有规律呢？必须有！国外有一群电影爱好者，建立了一个网站 TV Tropes，专门收集小说电影电视剧里的各种桥段。如果你想在故事中加入一段追逐戏，TV Tropes 会告诉你，追逐戏一共有 57 个经典桥段可选。就是用了这些桥段，追逐才精彩，故事才叫座。

如果被追的人比较笨，办法是让他往高处，比方说往楼顶跑，结果就是他会陷在那里，《金刚》中的猩猩，用的就是这个桥段。同样，我们这位一开始平凡的武侠小说主角，要逃跑到什么地方去？答案是悬崖。主角在前面跑，黑衣人在后面追，一路跑，一路追，就到了悬崖的边上去。

第五个问题，主角现在会不会死？故事才到一半，肯定不能死。所以，在悬崖边上，他一定会跳下去。主角光环护体，他没有死。按照规律，他会遇上两种情况。第一种情况是，他会捡到一本书，书上记载了旷世武学，主角自学成才，然后跳出悬崖，杀死他的仇人，故事结束。第二种情况是，他会遇上一位高人，这时候，高人给他一本书，这情况跟第一种情况一样，我们不再讨论。

另外一种情况是，这个高人，通常是个老头，开始教他武功。因为本来主角就很菜，教他武功的时候，你觉得高人会一天一天手把手地教，还是直接把功力传给他？按照规律，一开始，肯定是一天一天慢慢教。等到老头快挂的时候，再把功力传给他。通常的情况是，老头和主角两个人坐在一起，背靠着背，然后两人开始冒白气，冒到一定程度，老头喷出一口鲜血，挂掉了，主角得到了无上的功力，跳出悬崖，开始找他的仇家报仇。

第六个问题，剧情到了这个时候，只讲报仇有没有意思？肯定没意思。所以一定会出现什么？一段感情。剧情安排就是，主角跳出了悬崖，遇上了心动的她，于是一边找他的仇家报仇，一边纠结在缠绵悱恻的爱情当中。

第七个问题：结局是什么？按照规律，结局也有两种，一种叫大团圆，就是直到主角砍光了所有的仇家，带着娇妻美眷，隐居山林，过上了平凡人普通的日子。

另外一种结局，叫作人性的选择。主角深深地爱上了遇到的女子，砍到最后一个仇家，竟发现幕后大 boss（老板），是女孩年迈的父亲。如果不杀死他，愧对祖宗。如果杀了他，会失去心爱的女人。这个时候，人性会做出什么样的选择？是选择爱情，还是选择报仇？当然是选择原谅他啊！

这就是一部完整的武侠小说。别看我说了挺多，在你脑海中，不到 5 分钟，就能构思出来。

本质是所有现象的来源，规律是本质的一种呈现。

未达本质的思考，就根本不算思考。未达本质的努力，就是白费力气。

掌握了事物运作规律的人，也就掌握了世界。

2. 第二个层次：元素思维

2009 年，我头一次面试新东方学校，当老师。

看到招聘信息的时候，离截止时间只有 2 天，离面试开始的时间也只有 28 天，我是那种宁愿死得壮烈，也不愿活得平庸的人。

我觉得，我没有退路，既然新东方是我一直以来的梦想，我就拼尽全力，放手一搏。

结果，我过五关斩六将，通过了所有的试讲，成为大家眼中神一般存在的新东方老师，因为那时候，我才大二。

在大多数人眼中，我很幸运。甚至有人觉得，我太有天赋了。

但只有我自己知道，我获得这个结果，里面一点运气都没有。可能就连天赋也没有，或者说，最起码在当时，我还没有发现。

我只做了一件事：充足的准备——在不到 30 天的时间里，训练自己，从一个完全不会讲课的人，到满足新东方上台授课的要求。

也许你无法感知，新东方对一个好老师的要求多么可怕。打个比方，假设你现在完全没有公众演讲的经验，现在给你 4 周时间准备，然后做一个 500 人的演讲，演讲过程不能出错，你要讲得非常好，讲完后观众好评如潮，你觉得可能吗？

大多数人听了，会觉得：这怎么可能？但这确实就在我身上发生了，也是受那次经历的启发，我开始思考，怎么进行高效学习？我开始归纳，在这 28 天里，我做了什么？我又做对了什么？

最后，我总结了一套可复制、可执行的方法论，我把它称为：元素思维。

元素思维，理念其实简单，我们向大自然学习，从宇宙本质去思考：这变化万千的世界，其实是由一些基本的不变的元素组成。

古巴比伦人和古埃及人，曾把水看成世界主要的组成元素。古希腊的自然哲学，提出了著名四元素说，认为万物是由水、土、气、火这四种元素构成。我们的祖先，古代的中国人，创立了五行学说，解释世界的构成是：金、木、水、火、土。后来五行学说也成了中医的理论基础。

所以，从大到小，从远到近，我们有了一个最基本认知：这个世界由某些元素构成，世界上的物质也由某些元素构成。同样，我们人体是一个"小世界"，它也由某些元素构成。

继而我们推演出另一个基本认知：我们人学习的方法、技能等，也会由某些元素构成。

如果我们掌握了这些不变的元素或要素，就相当于掌握了这项技能。

只有4周的时间，我要学习如何成为一个好老师。我无法向教龄10年的老教师、教龄20年的名师请教，也无法直接在短时间内移用他们的全部经验，我要怎么做呢？我就去移用"最有用的部分"，所以，我要去归纳和总结所有这些好老师的共性。

好老师哪里找呢？当年我只是一名大二的普通学生，没有人脉，所以无法请教，没有时间，所以无法按常规的方式循序渐进。我不关注我没有的，我去关注我有的。

那我有什么呢？我有网络上海量的资源，我可以去搜索。于是，我就到视频网站上，找到了几乎所有新东方名师的上课视频，大型讲座的录像，下载了整整200多个，塞满了整台电脑，直到硬盘空间不足。下载好后，我发现还有点空间，于是又下载了一些教研文章和关于备课讲课的文档。

然后开始日夜钻研，分析，总结，我在笔记本上，记下了这些名师的共同点：言简意赅，风趣幽默，有用有效。再总结一下，就是：简单，有趣，实用。

一共 3 个词，6 个字，做到了，就是好老师，它成了我 28 天里学习的重点。后来，这 6 个字也成了我当上老师后，自我检验的最高标准。每天上完课复盘的时候，我都问自己：我讲的东西实用吗？我解释得足够简单吗？趣味性够足吗？

至今还清晰地记得，我在新东方的第一场面试。在我前面的面试者，面试官连连摇头，我怀着忐忑的心情讲完，面试官面不改色地说：你讲课，虽然还有很多可以提升的空间，但你是这么多老师当中，讲得最有新东方风格的。你很有天赋！直接进下一轮吧！

我心想：这哪里是天赋啊！这都是努力用对了方向啊！

而这个"对的方向"，就是组成这件事情的几个最核心的元素。

因为时间有限，所以只能直取本质。透过现象，进行本质性的思考和追问。

把复杂的问题简单化，把简单的问题元素化，提炼 1～4 个要点，就是元素思维的使用关键，也是拥有一个正确的底层逻辑和认知的关键。

比如，学英语，表面上学的是语言，本质上学的是沟通方法、思维习惯和文化背景。比如，学习英语中的发音，表面上学的是发音的动作，本质上学的是模仿发音的感觉，感觉对了发音就对了，发音对了动作也就对了。再比如，学习英语中的单词，表面上你是背这个词，本质上你要学的是这个词的 4 要素：发音、拼写、意思、用法 。

所以为什么很多人学了很久的英语，却从来不见学好，因为他们从来没有进行本质性的思考，从来没有把元素思维作为学习的起点。要是起点只停留在表面而非本质，那终点就只能注定是错的。

再举个例子，在万众创业的时代，有些大学同学雄心勃勃，想着要创业。曾经有位同学跟我说，我大学努力学习专业知识，课余时间努力考取该职业的相关证书，为的就是毕业后马上去创业，打开人生的新篇章。

我跟他说：你多半会创业失败，因为你这样去努力，顶多会成为一个岗位上的专业人才，但可能难以成为优秀的企业管理者。

忠言逆耳，他不爱听，他没听我后续的分析，继续沿着自己原来的方向前进，最终几次创业的尝试都没成功，后来回老家找了份专业对口的安稳工作，每天感觉自己壮志未酬，郁郁寡欢。

其实为什么他的方向不对呢？原因很简单，他对创业的最底层认知有偏差。他以为，创业等于用自己的专业开公司，所以专业能力是唯一重要的。专业能力固然重要，但它只是整个创业能力的一个基础，一个很小的部分。

如果用元素思维来分析，创业成功最重要的三件事情是：需求、资金、团队。有了这个认知后，再把这三个要素上升到能力的层面，就是：洞察市场趋势和需求的能力、获得融资和管理财务的能力、搭建团队和管理团队的能力。一般而言，一个刚毕业的大学生，是不可能具备以上的三个能力的，那创业成功的概率有多大，不言自明。

元素思维，是规律的再进一步，能让你具体化地进行关于本质的思考，关键是它能让你搭建一个基础的思维框架，让思考有了原点。

比如，要分析和了解自己，3个要点是：过去、现在、未来。要在一件事情上获得成绩，3个要点是：天时、地利、人和。

有了思维的大框架，行动就保证了方向；有了行动的方向，就保证了最终的效率和效果。

电影《金蝉脱壳2》里，当黄晓明饰演的周树被关进密不透风的监狱时，他坐在监狱的角落，想到了他师父"越狱大师"，告诉他关于越狱的 3 要素：1.掌握监狱的布局；2.了解人员的日常；3.在监狱内部外部，都有人帮忙。他按照 3 要素，按部就班准备，最后带领众人逃出生天。

我自己的快速学习和成长，也是同样的操作，抓住学习内容的本质要素，便能迅速突破。比如，我学习催眠的时候，总结过，最重要的 3 个元素是：引导、深化、轻声细语。我学习扑克的时候发现了最重要的 3 个元素是：牌力、观察、策略。我学习营销的时候懂得了，最重要的 3 个元素是：视觉、共鸣、传播。

如果你现在要去做一件事情，就试着分析、拆解和总结它的元素，问问自己：做好了哪几部分的事，就相当于做好了这整件事？

3. 第三个层次：第一性原理

懂得了事物运作的规律，了解了元素思维，你已经能成为全部人中的 20% 了。

一个普通的学习者，已进化为学霸。但如果你想对自己更吹毛求疵，成为人群中的百分之一，千分之一，甚至万分之一，在学习领域成为最高级的学习者，成为学神，我们还有没有办法更深入事物本质，进行更深层次的思考呢？

当然有办法，这个办法叫：第一性原理。

第一性原理，又称"第一原理"，是古希腊哲学家亚里士多德提出的一个哲学术语，即每个系统中，存在一个最基本的命题，它不能被违背或删除。

哲学术语不够浅显易懂，来打个比方吧。

比如，几何学中的"第一性原理"，我们最熟悉的是：两点之间直线最短。

生物学中的"第一性原理"：物竞天择，适者生存。8 个字就把几百万个物种的关系，解释得一清二楚。

经济学中的"第一性原理"：供求理论。供不应求时价格上涨，供过于求时价格下降。

"第一性原理"是所有学科的本质和根基。当然，它也是深度思考的基石和方向。

著名的美国公司 SpaceX，就是用第一性原理，来选择创业的方向。SpaceX 的 CEO 埃隆·马斯克说了他的两点思考：第一，他相信地球会有大灭绝，人类要延续，就只能走出去。第二，文明能维持一个自给自足的规模，需要至少 100 万人口。

在马斯克的眼中，创业的本质，是为了人类的美好和进步，其中最基础的是要存活。于是，逆向推演之下，就有了后面一系列的事情：选择目的地火星，制造火箭，重复使用火箭，最后制造出可回收的火箭。这些事件，无一例外，都服务于创业的本质目的。

在采访中，马斯克特别推崇自己的"第一性原理思考法"，通过"第一性原理"，把事情升华到最根本的真理，然后从最核心处开始推理。

他提到，我们运用"第一性原理"，而不是用比较思维去思考问题，是非常重要的。我们在生活中总是倾向于比较，对别人已经做过或者正在做的事情，我们也都去做。这样的结果，只能产生微小的迭代和发展。"第一性原理"的思想方式，是用物理学的角度看待世界，也就是说一层层拨开事物表象，看到里面的本质，再从本质一层层往上走。

无独有偶，"教主"乔布斯曾表示，只有能看到事物本质的人，才拥有改变世界的力量。

乔布斯是当代最伟大的产品经理，他坚守的"第一性原理"，就是"简洁"。在这个原理的指导下，"简洁至上"在苹果公司的产品上才得以不断升级和诠释，并带动了从互联网到移动互联网的飞跃。

请记住，在本质面前，一切比较变得毫无意义。

那我们该怎样运用"第一性原理"，为我们自身取得进步呢？

你一定有过这样的经历：尽了自己能尽的所有努力，得到的结果，还是不尽如人意。你十分苦恼：你的目标是清晰的，方法是对的，动力也是强大的，为什么还是没有产生结果？

答案是，你最底层的认知，发生了偏差。用本节的话来说，就是你没有从最根源开始思考，没有用"第一性原理"进行思考。

你实现目标的技巧、方法、步骤都没有错，但在最一开始你就错了，所以，到了最后，结果也不对。

所以，当你要学点什么、做点什么的时候，在一开始，先搞清楚它的"第一性原理"是什么。

比如，我在新东方授课几年后，成为教学培训师，任务是教新来的老师：如何在课堂上讲好一个段子。

一开始，教学效果并不是太好，因为不是每一个人，天生都有幽默细胞。甚至有的老师认为，幽默是天赋，并不能后天学会。于是我开始想，到底能不能让一个没有幽默细胞的人，通过后天的学习，也变得幽默呢？

我开始运用"第一性原理"思考，问自己：幽默的本质到底是什么？为什么一句话说出来，会让人捧腹大笑？又或者会让人惊喜万分？

最后，我总结出了这个本质，一共四个字：突破期待。这就是我认为的，幽默的"第一性原理"。

为什么只要"突破期待"，就能产生幽默或有趣的效果？因为人活了那么多年，人脑被动和主动吸收了巨量的资讯，人的大脑其实就是一个巨大的"语言库"。当你说一句话的时候，听的人就会从他的"语言库"中，自动匹配对这句话的后续期待，而往往这个期待，是循规蹈矩的。

设想一个场景，你向朋友发出邀请：这周末我们一起去打网球吧。你朋友说：我很想去啊……

试想一下，当听到朋友的回答，你的第一反应是：这个人要拒绝我了！因为在我们大脑"语言库"中，"我很想去"这句话的后续期待，就是"但是"；"但是"的后续期待，就是"拒绝"。我们头脑中墨守成规的后续期待就是：答应不需要理由，拒绝才需要理由。

我们对每一句话，都有期待。突破期待，就能产生意外之喜。

正如网络上的所谓毒鸡汤，为什么能引起无数人的共鸣？还是幽默的"第一性原理"在起作用。不信，看看下面的几句话。

你以为有钱人很快乐吗？不是的，有钱人的快乐你根本想象不到。

有人出现在你的生命里，是为了告诉你，你真好骗。

比一个人吃火锅更孤独的是，一个人没有钱吃火锅。

当然讲一个好段子，会有一些技巧和方法，但这些技巧方法，都服务于这条本质性的原则：突破期待。或者反过来说，所有讲好段子的方法，都得建立在突破期待的这个第一性认知上。

我们平常的学习和工作中，过于强调方法和技巧，却忘了探寻事物的本质。而真正正确的方向是：先认知本质，后方法技巧，最后是操作步骤。

规律、元素、第一性原理，就是我们去探寻和发现事物本质的工具。

当勤奋持续发生，才能成为优势

你不勤奋，上帝想帮你的时候，都不知道往哪里伸手。

人要勤奋，最重要的是先清楚，人为什么要勤奋？

1. 勤奋的意义

你一定知道，今天，是你余生中最年轻的一天。

但同时，你忽略了一个更重要的事实：今天，是你余生中最聪明的一天。

每一天，你的脑细胞都在大量地死亡。所以，不管你承不承认，愿不愿意，同不同意，今天你醒来，就会比昨天的你，笨那么一点点。

你的大脑，就像通货膨胀中不断贬值的货币一样，只有每天努力一点点，进步一点点，勤奋一点点，每天不断地对大脑进行正确的投资、合理的塑造，才能勉强"保值"。如果还要进一步让大脑升值，便需要升级认知，重塑思维，调整认知的框架了。

每次看到朋友里有虚度光阴的年轻人，我都十分心疼他们的时间，和逐渐贬值的大脑。

有位朋友小静，每天给自己安排的主要任务，就是吃喝玩乐，总而言之，她爱做不太需要动脑的事情。有次在聚会上相遇，我很认真地跟小静说：你的大脑，如果卖出去的话，一定非常贵！

小静听了很开心，说：帅老师，你又在夸我吗？是说我很聪明吗？所以很贵！

我冷冷地对小静说：不，你大脑卖出去贵，因为它几乎是全新的，用都没有用过。

这虽是玩笑话，但我想说的是，今天的你最年轻，今天的你也最聪明，请不要浪费了你的年轻和聪明，请不要辜负自己和青春。

所以，为什么要勤奋？我的理由很简单：不要让今天的不着急，都变成明天的来不及；更重要的是，不要让今天的你，讨厌昨天的自己。

重要的事情，尽早准备；定下了目标，尽早开始；能学的时候，尽早学；能跑的时候，尽力多跑跑；还能走的时候，尽量多走几步。

我常说，对一个人最大的尊重，就是对他的时间的尊重。因为，时间，就是命。

所以，时间管理，就是生命管理。而勤奋，就是对你自己生命最大的尊重。

2. 勤奋的目的

勤奋是为了成功吗？

不是。

因为你应该清楚一个事实：成功是个小概率事件，而失败是个大概率事件。今天我们不定义成功或失败，因为每个人心中，一定有自己所认为的成功。

但我们必须建立一个基本的认知：你看到一个考满分的人，他的背后必定有成百上千没有满分的人，甚至有不及格的人。你看到一个创业成功的人，他的背后必定有成千上万创业失败的人。你看到一个一夜暴富的人，他的背后也必有不计其数的一贫如洗的人。因为，如果所有人都是第一名，就没有第一名了。

人要成功很难，比成功更难的是，知道自己的成功是偶然的。

人最愚蠢的事，就是盯着一个小概率事件，并幻想着这件事会大概率地发生，并且这件事还能发生在自己身上。

简单说，就是他觉得"人家能成功，我也能成功"。作为一个心智健全的成年人，这显然不够理智。为什么你没有看到另一面呢？为什么你没有觉得"人家能失败，我也能失败"呢？而且按照概率，后者的确更容易发生。

所以，勤奋是为了不失败吗？

也不是。

其实，勤奋的最终目的，就是为了让你的可能性变到最大。

打个比方，假设做一件事，成功概率是一万分之一，意思是，如果有一万个人做，总有一个会成功。你看，多难啊，一万人去做，只有一个成功，你能保证自己是这万里挑一的这一位吗？显然不能。

但你知道了概率以后，便有了一个方法，能让偶然接近必然。你无法控制别人成不成功，你也无法控制自己成不成功，但你可以控制自己是否勤奋；所以方法就是，你把这个成功概率完全套用在自己身上，你开始去做这个事情，你勤奋地尝试一万遍，按照万分之一的概率，你就总有一次会成功。

你发现了吗？你通过勤奋，把这件事的可能性变到最大了！

勤奋，是最起码的生活态度。像个人成长领域里，最为人所熟悉的1万小时成为专家的定律，稍加思考，就能知道，这1万小时讲的不是时间量，如果只要付出时间就能成为专家，我们现在每个人都应该是刷牙的专家和睡觉的专家了。

1万小时，讲的是资讯量，它的背后是勤奋的态度，意思是起码要有关于该专业的1万小时的信息量，而要获得如此庞大的信息；你需要有一颗愿意付出1万小时的心。

志不强者智不达。付出最大的勤奋，而不问收获，因为功到自然成。哪怕最终真的一无所获，最起码，我能收获的是全力以赴。

记住，失败不是成功的反义词，平庸才是。而平庸的人的最大特点，就是懒惰。

3. 有用的勤奋

教学这些年，我也听到学生抱怨过勤奋没用。我说，不是勤奋没用，是你没用。更关键的是：你不知道，怎么样勤奋才有用。

事实上，想让勤奋有用，就有两大前提，一是目标清晰，二是状态良好。

清晰就是力量，一个清晰的目标，才是一个可操作、可达成的目标。什么是清晰的目标呢？有三个要求：具体、细致、有截止日期。比如，"我的目标是减肥"就不是一个好目标，它甚至无法被执行，你再勤奋，也是徒劳。这个时候，把目标修改一下："我要在2021年1月1日前，减掉30斤。"这才是个清晰的目标，有了目标后，你开始做计划，拆分目标，最后，就是勤奋了。

有了清晰的目标，就保证勤奋有用吗？也未必。如果你的状态不好，在勤奋中不能随时思考，及时调整，你不过是在机械式重复而已，这时反而吃力不讨好。你需要状态良好，否则勤奋毫无意义。所以，你要学会调整自己的状态。

调整状态有三种方式，第一种是保证充分的睡眠，6 ～ 8 小时为佳。第二种是冥想，可以在起床后，用功前，听着音乐，进行冥想深呼吸，15 ～ 30 分钟左右。第三种是积极地自我暗示，随时随地，在心里默念，对自己说：我是最棒的，我精神饱满，我状态极佳。

长期来讲，目标清晰再勤奋；短期来讲，调整状态再勤奋。用有效的勤奋，来开展一个充实的人生。

这个世界上，所有的技能都可以被取代，唯独勤奋，无可替代。

世界上最大的谎言，就是不用准备，努力没用。如果你觉得努力没用，就努力到有用。改变没有发生的时候，就保持勤奋，直到量变引起质变。

请记住，你现在的每一分努力，都是在给未来积攒运气。

想"活出自己的样子"，要先认识自己的系统

多年前，我看过一个视频，只有十多秒，却让我震惊。

一只猪站在传送带上，传送带把它慢慢往前送，它看起来欢快无比；但过了几秒后，到了传送带的尽头，等待它的是一把大铡刀，它却全然不觉；瞬间猪就到了铡刀的另一头，被结束了生命。

看到这一幕，我突然想：猪这一生，知道自己是猪吗？或者说，猪知道自己是谁吗？

1. 先找到一个自己

我开始观照自己，那我呢，人呢？

我们常常谈论到要改变，要成长，要突破认知，要重塑思维，最后还要超越自己。

但如果你都不了解自己，不认识自己，不知道自己是谁，你又怎么进行自我管理，个人成长，甚至实现个体的进化呢？

一开始，我问你一个问题——你觉得什么是"自己"呢？

这个问题，不容易回答。所谓熟悉的地方没有风景，日常生活中，越是司空见惯的事情，我们就越缺乏思考。原因是，我们很少会带着观察去生活，带着觉察来工作。

对着这个最熟悉的"自己"，其实是最陌生的。

所以，我会建议你，至少先找到一个自己。

你可能会说，什么一个自己啊？难道我有人格分裂吗？我是 24 个比利吗？

别急，且听我说。我们通常有好几个自己，人家的儿子，学生，努力的下属，厨子，旅行者，顾客，人家的老公，人家的爸爸，接到保险推销电话的人。

这一大堆的自己，哪个最能代表你呢？

或者，哪个是你最喜欢和最在意的呢？

大概不会是接到推销电话那个吧！为什么？

因为你知道，你是在成就另一个人，不是你自己。

以我为例，我现在最在意的身份，是陪伴者。主要是陪伴父母、家人和其他亲朋好友。我常开玩笑说，我的主业是陪伴，当老师、写作、分享、咨询，都只是副业。

我喜欢这个身份，很在乎这个身份，就会让我把时间和精力投入，试着去做到我认为的最好。

你最关注的，是什么身份呢？你最想把它做好的事，是什么呢？

只要我们开始思考，就会慢慢意识到那对自己的意义，然后好让我们愿意让本来不够关注的，有机会变好一些。

不断思考，投入心思，世界就会投射回你的身上，你就能找到自己。

每天请问一问自己。

● 你是谁？

- 你想做什么？
- 你想要的是什么？
- 你最喜欢现在自己的什么？

2. 认识自己的系统

绝大多数人，活了大半辈子，都不认识自己，更不认识自己是一个系统。

你的系统，就是你的脑袋，跟你的心，跟你的身体，跟外界的事物的相互关系。"自己"这个系统的组成部分有脑，心，身，事物。

大多数人，只认识自己的一部分，或者说，他们认识自己，都只通过局部——仅通过身体，或仅通过大脑，或仅通过内心和心灵，其实这种认识不全面。认识自己的系统，实质上是给认知自己多一个维度。

（"自己"的系统）

举个例子，做决策和选择的时候，大部分人只用脑，有一部分人只用心，而用身体的人，几乎没有。他们不懂自己的心，也不知道身体会给他们一些信号和反馈。比如说，你喜不喜欢一个人，甚至应不应该嫁给他？用头脑判断的时候，你可能会衡量，这个人收入如何，社会地位如何，对他的家人好不好，等等。正因为太多人这么判断，所以才出现了"女的嫁给钱，男的娶工作"的情况。当然，这样判断不能算错，但是不全面。

那有没有办法获得真爱呢？当然！你可以加一个维度去判断，比如用心，主要是看对这个人有没有心跳的感觉。要是再加上一个维度，就

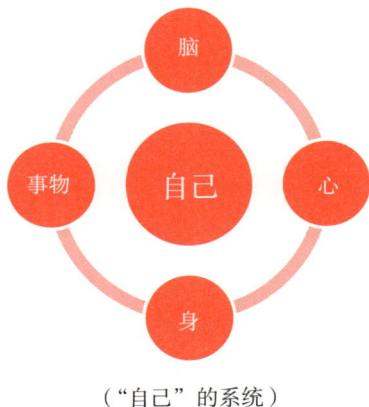

用身体，注意一下你和这个人接触时，你身体的反应，是倾向接近，还是倾向远离。因为你知道，如果你喜欢一个人或东西的时候，你想要接近他，否则就想远离他。

举一个自己的例子。2015 年，我开始上网课。一年以后，我在新东方的个人发展达到了顶峰，收入在整个集团的几万名老师中，排名前十，外部影响力也不错。

这时候，北京一个创业公司向我伸出了橄榄枝，公司的 CEO 带着COO（首席运营官），一起来到广州，找我当合伙人。我们在咖啡厅见了面，CEO 谈了对教育的看法，说了对在线教育未来几年的判断，也给我开出了优厚的条件，包括高工资、高提成，还有奖金和股权等，而这些，在我那个年龄，都是无法想象的。

通过多年的训练，我已经拥有一个思考能力极强的大脑了。所以，我也习惯性地用大脑开始去分析和判断，我特别注意逻辑，我不断地分析前因后果，同时我的大脑也本能性地开始怀疑，CEO 边跟我讲话，我就边想：怎么有这么好的事情？要有这么好的事，怎么会落在我的头上呢？其中会不会有诈？

思前想后，翻来覆去，最后我还是拒绝了这个机会。

几年时间里，这个公司一路高速发展。如今回望当时的这个机会，确实是个难得的好机会。

我到底是怎么错过的呢？我思考原因。发现理由竟然简单，就是当时我还不懂，我们整个人、整个自己就是一个系统。所以我并没有注意到身体的反应，也没办法听从我内心的声音。

回想那时，每当 CEO 跟我讲话，我的心都会怦怦直跳，身体还会激动得有点发抖，仿佛初吻的感觉。但我并没有在意身体上明显的信号，只是用头脑的怀疑，打消了尝试的念头。当我第一次拒绝这个机会的时候，我心情又十分低落，好几天食欲不振。身体再一次给我信号，但我依然没有引起注意。

如今看来，哪怕当时我的头脑有所怀疑，但是我的身体、我的心，已经给出了一个最直接、最本能的反应。这种反应，其实也给了我一个正确的答案。

我们总认为，大脑是人体最聪明的器官，但你想一下，这个判断是谁做出来的呢？没错，就是你的大脑。所以，大脑不是智慧的全部，只是一部分，智慧的其他组成部分还有身体，还有心。

很多时候，我们更高一级的思维和智慧，已经替我们做了判断，只是我们浑然不觉。这种智慧的特点是：直接浮现，"无中生有"。身体和心灵的智慧，和头脑的判断不同，它不是一个推理的过程，它没有中间过程，它能直接得出最后答案。比如说你喜欢一个人，会想多看几眼，不喜欢一个人，连看都不想看。"看和不看"是直接反应，无须判断，对应的答案就是"喜欢和不喜欢"。

那时候的我，并不知道"自己的系统"，不会用系统做判断，最后只能错过。请记住，在你做一件事情，没有标准的时候，自己的系统，就是最高的标准。

虽然错过，但不遗憾，因为现在我知道了：如果认识系统，就不会错过。更重要的是，不是因为错过，我就不会重新认识自己。每一件你经历的事情，无论对错，无论好坏，都必将给你带来一个更完整的自己。

去相信吧！只要我们还在前进，就必然会更好。

关于判断、决策、选择和观察，我有一句口诀：先用脑，后用心。最后，你再配合对身体的观察。这整个决策，基本上就准确了，因为你在用自己整个系统去感知、去判断。

世界是我们的一面镜子，更是我们内心的一个投影。

如果我们只了解自己的一部分，我们得到的世界也是片面的。但如果我们能用自己的系统，去了解世界，接触世界，解释世界，甚至征服世界，我们就很有可能得到一个完整的世界。而这个世界会比原来的世界，更加完整、真实和接近本质。

慢慢地，你会从"唯我独尊"到"天外有天"，你会从"固执己见"到"兼听则明"，从"我知道很多"到"学海无涯"，从"我感觉不错"到"我可以更好"。

一个人真正的成长，活出自己的样子，要从认识自己的系统开始。

对这个世界的理解越广阔、越完整，你就会对自己的要求越高、越严格。

这时候，你不再抱怨，你开始自己思考办法；你不再指责，你开始自己寻找原因；你不再迁怒，你开始自己学会调节。

你通过自己来了解世界，又通过世界反求诸己。

最终，你因为你，成就了一个更好的自己。

3. 系统是整体，更是联系

最后值得注意的是，系统的最终意义在于整体，而非部分。如图所示，它并不是单独的一个脑、一个心、一个身体、一个事物。你要注意，这4个圈之间，都是有连线的。

连线的意思就是，它们之间有联系，它们能相互影响，相互作用。

所以，任何一个圈抽出来，它都可以作为独立的判断依据。或者

（"自己"的系统）

说从总体来讲，任意一个圈，都是重要的判断依据。

如果你要成长要寻找可能性，当你认识了你的系统如何相互作用，你就可以想一想：

①4个圈里，自己哪一部分比较强？

②4个圈里，自己哪一部分比较弱？

③比较弱的部分，要怎么多加注意？怎么增强训练？

通过这个"自己的系统"，你一下就能明白事业上的合作关系和恋爱上的互补关系了。

比如，事业上，你是一个头脑非常强大的人，你要找合作伙伴，你就要找一个直觉（心灵）强大的人，或者找一个行动力（身体）很强大的人。这样你们就能互通有无，合为一体，构成一个系统。

又比如，总体而言，男生"脑袋"比较强，"心"这一块则比较弱；而女生，平常可能更注重自己的感受和感觉，却缺少了一点理智和冷静；假设男生和女生恋爱了，男生头脑强大，女生心灵强大，男生逻辑力强，女生感受力强，构成互补，形成系统，细水长流。

无论是事业还是恋爱，找到自己相对弱的部分，再找到一个人来补上这个部分，而恰好你弱的部分对方强，整个系统便处在一个动态平衡中，系统发挥出的效果必然更持久，也更强大。

系统中各个部分的联系，还可以帮助我们做自我觉察和自我恢复。

比如常有同学问我说：老师，我有坏情绪，怎么办呢？

我常反问：你今天不太高兴，产生了一些消极的情绪，但你有没有注意到，你的情绪是从哪儿来呢？

追问下去，你发现情绪来自哪儿呢？就是你的大脑。情绪产生于大脑，更准确地说，这个情绪由"脑"跟"事物"的关系而产生。

也就是说，当你看到一个"事物"，你的脑袋给它一个"定义"，你便产生了对应的情绪。

我们常说，每个情绪的背后都有其原因，在我看来，这个原因就是"定义"。

心理学上说，事件本身不会伤害人，只有人对事物的解释（定义）才会伤害人。

所以从本质上来讲，这个世界上，没有人可以伤害你。所有的伤害，都是你在伤害你自己，因为是你定义了这个事情。

你怎么定义事情，这件事情的定义，就会反过来对你的大脑产生对应的作用。

你定义了这个事情是伤害，所以它才会是伤害。

今天你产生了情绪，是因为你的"脑袋"对"事物"产生了一个定义。从这一点出发，改变情绪最快的方式是什么呢？那就是：重新定义。

定义变了，对应的情绪也随之改变。

另一方面，你已经知道了自己是个系统，里面的各个部分相互牵连，相互影响。

那我们能不能通过改变身体，来改变我们头脑的化学反应呢？完全可以！

心理学上有句接近真理的话，它的英文版本是：Emotion is created by motion. Emotion 的意思是情绪，而 motion 的意思是动作，就是你的肢体动作、身体反应等。所以这句话的意思是，情绪是被动作创造的，简单说，就是动作创造情绪。

比如，我们有个成语，叫垂头丧气。你"垂头"的动作做出来，自然会有"丧气"的情绪。这就叫动作创造情绪，反过来也一样，情绪也会影响你的动作。比如，你再做一个昂首挺胸的动作，试一下，是不是心情马上又会好一点呢？

那现在我问你，怎么让自己迅速变开心呢？很简单啊，你笑一笑就可以了。

因为，当你做出一个微笑的"动作"时，动作创造情绪，你的"头脑"自然也会创造出一种对应的开心的情绪。在你微笑的时候，你是难过不起来的。不信你试一下，你微笑着，然后对自己说：我很难过！我很难过！我真的很难过！你自己也会觉得很搞笑，对吧？

"自己"是一个系统，牵一发而动全身，你去调整其中一个部分的话，其他部分也会一起发生变化。

关键是，如果你要调整，就看看哪个部分最容易开始，然后从这个部分入手。

比如说你是个运动员，你是个爱运动的人，你对身体的运用很自如，那你就多从身体去调节其他的部分；相反，如果你用脑很厉害的话，那就多用脑袋去调整其他的部分。以此类推。

你了解了自己，认识了这个系统，系统就会给你答案。

了解自己后，改变自己，便不再会显得如此艰难了。

重要的是，你会接受过去的你，喜欢现在的自己，这才是一切的起点。

普通人如何找到自己的超能力

人生最沮丧的事，就是由期待到等待，由努力到无力，再由希望到失望。

你有没有曾经努力过，但努力却没有效果。你有没有学过很多的方法和技巧，但方法和技巧还是不能带给你想要的。你有没有听过很多的道理，但是道理却没有让你过好目前的人生。

然后你会自怨自艾：我真没用！

我想说，错了！一开始就错了！

1. 你要认识自己的才能，也要认识自己的极限

你听了道理，学了方法，也付出了努力，但还是没能达到自己的目标，问题出在哪里？

一言以蔽之：方向不对，努力白费。

但这里所说的"方向"是什么呢？我们又怎么知道自己的"方向"呢？

有句话说得好，也是"方向"的最佳解释：天生我材必有用。

什么意思？

必有用，听着是句鸡汤，听得人热血沸腾，最起码能不泄气，但我认为，这句话说得好的是前半部分"天生我材"。因为它有两个暗示：

第一个暗示是，在发展之前，成长之初，搞清楚自己天生是哪块料，无比重要。你要意识到一个事实，铁杵能够磨成针，但木柱就只能磨成牙签，但只要放对了地方，铁针牙签都有用。

第二个暗示是，有"天生我材"，也必有"天生我不材"。你有优点，必定也有缺点；你有长板，必定也有短板；你有擅长的地方，必定也有不擅长的地方。

丑小鸭之所以能变成白天鹅，并不是因为它有多努力，而是因为它是白天鹅的孩子。你要知道你天生就擅长什么，你要发现你的天赋，然后顺势而为。

但关键是，做人要现实点。你要改变，就要先面对现实，接受现实。

之前有个同学，考英语四级第一次没过，来问我怎么办。

我问他：你努力了吗？

他说：没有。

然后回去努力，但第二次还是没过，来问我怎么办。

我问他：你注意方法了吗？

他回去买书学方法，第三次还是没过，来问我怎么办。

我问他：你有背好单词做好真题吗？

他回去听话照做，第四次还是没过，继续来问我怎么办。

我问他：你已经尽全力了吗？

他点点头，我说：你也许不太适合学英语，放弃吧，大学不只有四级，人生也不只有英语。

他有点不满意，说：你不是英语老师吗，怎么不帮帮我呢？

我心里很纳闷，我已经帮你了，你也已经帮你自己了，于是说：我是在帮你。

他十分倔强，坚持努力，不断复习，不断考试，考四级一直考到大学毕业，一共考了 7 次，都没有过。

真的是"不努力一点，你都不知道自己多没用"。虽然表面上是努力没用，但事实上是努力用错了地方。

所有你想尽办法，用尽努力，而又未能达成的事情，原因几乎都只有一个：那不是你的天赋之事。

这让我想起前些天，一位模特朋友小方，她来问我：帅老师，我想改变自己，有没有什么书推荐给我学习一下呢？

我语重心长地对她说：我觉得你跟别人不一样，千万不要浪费时间在学习上。

她看起来有点不高兴，结束了对话。

什么是现实？这就是。请记住，你是天生有材，你也必有用，但你不是全能。

不接受自己，不面对现实，就无法改变自己。接受，永远是改变的前提。

就好像我之前一直减肥，却一直减肥失败。寻根问底，我终于找到了失败的原因。那就是：我不承认自己是个胖子。别人说我胖，我就反驳；别人提醒我要健康，我就生气。我既不接受，又不承认自己胖。所以我的头脑，我的潜意识，都不觉得我胖，甚至觉得我是个瘦子。如果我认为自己瘦，我为什么要减肥？如果我都不觉得我自己胖，我又怎么能瘦得下来？

什么是真正的改变？我觉得，改变可以用一句现在很流行的话来解释，就是"走出舒适区"。注意，读三遍，走出舒适区，走出舒适区，走出舒适区。

平时大家的注意力，总是放在"走出"上；但我认为，这句话真正的重点在："舒适"两字。假若你都不舒适，如何有舒适区呢？如果没有舒适区，又如何走出呢？

所以发现了吗？比走出舒适区更重要的是，确认你的舒适区，简单说，就是找到让自己舒服的区域，先让自己舒服。没有舒适区，也走不出去；有了舒适区，走出去自然而然。不然你走来走去，都是在痛苦中徘徊。

不接受，就会难受；接受，就会享受。让自己舒服最快的方式，就是接受发生的一切。你享受当下，改变就会自然发生。你接纳自己，改变才真正开始。

就好像，为什么现在很多人说遇上了瓶颈，无法突破？或者，很多人觉得自己不能跃迁，无法逆袭？归根结底，原因只有一个，就是他们既不愿意承认，又不愿意接受：自己是一个普通人。我们总觉得自己不普通，总觉得自己会一夜暴富，甚至做了一件小事，就觉得自己是个天才。在这种自我催眠中，又哪来突破瓶颈，跃迁阶层和人生逆袭的动力呢？

承认自己无力，比承认自己有力，更需要力量。

承认自己不适合，比承认自己适合，更加重要。

承认自己普通，比承认自己优秀，更需要勇气。

如果工作真那么适合，为什么没有成绩呢？如果自己真那么优秀，为什么还碌碌无为呢？比认识自己能力更重要的，是认识自己的极限。

世上无难事，只要肯放弃。

2. 普通人的超能力

时代不断推进，市场不断细分，职场上用人的需求也不断发生变化。你不必样样皆通，但你必须无可替代。

如何变得无可替代？关键是，找到自己的"超能力"。

我爱看美国英雄类和超能类的影视作品，最近有一部美剧叫《天赋异禀》，也是可圈可点。当你看得足够多了，你会发现，这类作品里，通常有三种人物设定：已经拥有超能力的异能者，超能力有待开发和释放的潜能者，没有超能力的普通人。

其实后两种人，还很可能是同一种人，他们表面上是普通人，但体内却蕴含着超越常人的力量，或者，至少有超越常人的一方面。

在现实生活中，其实每一个普通人身上，都有巨大的潜能，他们身上至少有一项自己独有的技能，如果没有，只是一直觉得没有，或者未被开发。又或者至少，你没有按照我说的这个方向追寻过、努力过。这和刚才说的"天生我材"不谋而合。

如果你还是觉得没有，根据我自身的实践经验和上万例的个案咨询，可以肯定，普通人身上一定拥有，并可以开发和训练的超越常人的能力有3个：专注力、学习力、表达力。

这也是普通人超越同龄人的取胜之道，你可以尽自己所能，把这3项能力练习到极致。不信你可以观察一下身边比你强的同龄人，如果你说"强"太笼统了，我们残酷一点，观察一下身边赚得比你多的同龄人，他们是不是这3个力的其中1个或2个，甚至3个，比你强呢？

比起别人，要么你专注力不足，要么学习力不够，要么就表达能力不好。你说，老师我3个都没有。难怪你是个普通人！当然，做普通人没有什么不好，但只要你今天在看这本书，我就默认你的追求是高一点的，是不仅仅要当个普通人的。那就看好这本书，用好这本书吧。

有很多人觉得自己很聪明，有头脑，这种沾沾自喜没有用，不切实际的幻想更没有用！除非你把你的聪明和头脑，转化为以上3个力。

要是暂时没有方向，不妨沿这3个方向努力一把吧。

每个人都有无限潜能，每个人都可以不普通。

3. 与其最好，不如不同

所有成功学书籍，你的亲朋好友，都无一例外地告诉你，人生最重要的目标，就是：争做第一名！成为第一，已经是很多人深层的信念。

不信，我们做个小测试，我来问你一个问题：世界第一高峰是什么？你瞬间就能回答，珠穆朗玛峰。

我再问你，世界第二高峰是什么？你肯定不知道，也很少有人知道。

我们都知道，第一只有一个，成为第一会很难，但你有没有想过，如果不做第一，你努力的意义是什么？或者说，如果你不做第一，你作为一个普通人，你的取胜之道是什么呢？有没有办法呢？答案是肯定的。

举个例子，非洲有一座山，叫乞力马扎罗，它是非洲的最高峰。但它的海拔放在珠峰面前，简直就是找虐。而神奇的是，乞力马扎罗每年的游客，是珠穆朗玛峰游客的 5 倍。

为什么？因为乞力马扎罗人知道，自己没有世界第一高峰，一辈子也争不了第一，所以另辟蹊径，开创了一个新品类，把乞力马扎罗叫作：人类徒步可登顶的第一高峰。

什么意思？其他山再高，都要借助缆绳、悬梯、冰镐才能登顶。但只靠双脚就能走上去的，我是全球最高，不服来战。

大家一听，第一反应就是：我也要去试试！所以乞力马扎罗的游客，至今络绎不绝。

找到自己，其实就是找到自己的天赋，找到自己的不同，并且，敢于与别人不同。

我很喜欢"独眼岛"的故事。

小镇上有两个年轻人，想不劳而获发大财，他们听说西方有一个独眼岛，岛上的所有居民，都只有一只眼睛。

有一天年轻人 A 一拍脑袋，想出一妙计，对年轻人 B 说：人都喜欢新奇的东西！你看我们只要到独眼岛上抓一个人，然后把他绑回来做展览，大家都来看怪物，我们就可以卖票赚钱啦！年轻人 B 听到想法，十分赞同。

两位年轻人不日出发，几天后，船在独眼岛靠岸。他们从码头走到街上，看到每一个人都只有一只眼睛，他们兴奋至极，露出贪婪的目光，似乎街上的每一个人，都是他们发财的机会。

正当他们沉浸在美妙的幻想中，突然，两人眼前一黑，他们被绑走了。他们十分惊恐，不断挣扎，然后被打晕过去。

当两人的头套被摘下来时，他们已经被高高地绑在码头的大柱子上了。他们的身旁，围满了来看热闹的独眼岛民。两个独眼岛的年轻人，正在一旁嘶吼着卖票：来看展览咯！来看怪物咯！这里有长着两只眼睛的怪物！

只有一只眼睛的人，在大家都有两只眼睛的时候，很特别，很有市场；同样，有两只眼睛的人，在大家都只有一只眼睛的时候，很稀奇，很不一样。这不就是"唯一"的价值吗？

所以，与其最好，不如不同。

每个人都抢第一，你就做唯一。因为，做第一很难，做唯一却很简单。

世界就是这样，不是因为要做最好，所以选择；而是因为你选择了，所以才成为了最好。而往往在你成为唯一的时候，你也同时成为某个领域的第一了。

请永远记住，你不必在意在一百万件事情上输给一百万种人，你只需要在意，在哪一件事情上，可以赢过全世界。

4. 找到你的超能力

如果你说，老师，我想发掘一下自己身上有别于常人的超能力，有办法吗？当然有。

我曾经帮助过 1 万人，用咨询的方式，找到了他们的超能力。那怎么找呢？

但我认为更正确的问题该是，到哪里找？

我们知道，现在我们所拥有的一些能力，由过去的天赋或学习决定。而我们现在的能力，又会决定未来的能力。简单来说，过去决定现在，现在决定未来。

现在是结果，过去是原因。人最常见的问题，就是常纠结于结果，却从不找原因。

那到哪儿找呢？到你的"过去"去寻找，这种方法在催眠里叫作回溯。

那找什么呢？我发明了一个概念，叫作"儿时能力"。请记住，你的儿时能力，决定了你的超能力，也决定了你的核心竞争力。

《圣经》说了，如果一个人不恢复到孩童的面貌，他就无法进入天堂。你在学业上、职场上也一样，如果你不知道你小时候最擅长什么，你就难以登堂入室、登峰造极。因为，在你小时候就展现出来的能力，很有可能就是你的天赋。

并且，小时候学会的能力，一辈子都难以忘记，比如说小时候你学会了骑车，哪怕 20 年不骑了，有点生疏，只要你今天找一辆小车，坐上去，摇晃两下，找找感觉，10 分钟以后，你就完全恢复这项能力了。

每个人小时候很快能学会的东西不尽相同，有的可能是骑车，有的是画画，有的是打游戏，有的甚至是做饭。你之所以能很快学会，不是没有原因的。而原因很有可能是，这本来就是你的天赋。

所以，鉴别你儿时能力、天赋才能的最终标准是什么呢？我给它定义为三个字，分别是：快，乐，强。

针对这 3 个字，你需要问自己 3 个问题：

1. 在你小时候（特别是 7 岁前），有没有什么事情是一学就会的？

2. 在你小时候（特别是 7 岁前），有没有什么事情是一做就开心的？

3. 在你小时候（特别是 7 岁前），有没有什么事情是一做就有成绩的？

简而言之，你要思考，在你儿时，什么事情是学得最快、做起来让你最快乐、一做就容易出成绩出成果的。

回溯的过程会比较慢，不要光看，拿起笔，慢慢想一下，列出 5 件这样的事情，且这 5 件事情类别越丰富越好，尽量不重合。如果还是比较难想起来，你也可以多问自己一个问题：在你小时候，有没有什么事情，是一做完就会被表扬的？

开始事无巨细地描述这些事情，注意：光描述，别下定义。我举自己的例子，来告诉你什么是描述，比如：我在 5 岁的时候，得到了拼图大赛的冠军。再比如：我 4 岁的时候，就能说很多话，身旁的大人经常会被逗笑，我也乐在其中。

你会发现，每个描述的背后，都至少有一项能力。如果你能描述 5 个不同类别，又能满足"快，乐，强"标准的事件，你就至少能发掘自己的 5 项儿时能力。

比方说，刚才我的两个例子，分别对应的能力是：信息检索与重组的能力，表达与共情能力。

你知道拥有了"信息检索与重组能力"和"表达与共情能力"，最贴切的职业是什么吗？有 3 个：老师、咨询师、作家。你看，这不就是我正在做，而且都出过成绩的事吗？

所以，这些提问的本质和最终目的，都是帮你去发掘和审视你的"儿时能力"。

一旦找到，请你用它来对比一下你近年来产出的成绩，你一定会发现，现在容易出成绩的，还是儿时容易出成绩的那些事。

如果你发现近几年碌碌无为，也没有产生什么成果，你对照一下你列出的 5 项儿时能力，可能会惊讶地发现，你一直没有做自己天赋的事情。难怪没有出成绩！

老祖宗告诉我们，凡事应顺势而为。

而所谓的顺势而为，就是要去做真正的你自己，做你天赋之事，最后成为唯一。

相信，让一切成为可能

1. 放错地方的自信

你觉得，你自信吗？

这是我问小婷的第一个问题，她是我个案咨询的学员。长期以来，她认为自己活在自卑中。

听到我的问题，她下意识地摇摇头。

我：告诉我，你觉得你自信吗？

小婷没有抬头看我，小声嘀咕了一句：不自信。

我：你真的觉得自己不自信吗？

小婷抬起头，有点疑惑，又点点头：是的，我不自信。

我：你真的十分确定，自己不自信吗？

她有点不耐烦，加大了声量，目光坚定地说：对！我很确定！我不自信。

我笑了笑说：你看，你对你自己的"不自信"，很自信嘛！

她恍然大悟，泪珠在眼眶里打转，她的表情仿佛在责怪自己：怎么我才明白过来呢？

我继续说：其实你不是不自信，只是你的自信，用错了地方。

想想在我们生活中、学习上、工作里，又有多少个"不自信"的小婷呢？可能你也是，或至少曾经是。为什么会这样？

我上课时常说的一句话：99% 的问题嘛，都是注意力放错了地方。自信同理，注意力在哪里，自信就在哪里。这个时候，你会察觉不到，你是有自信的，因为你相信错了东西，自信错了地方。

就像大多数人遇到问题，注意力都会放在问题的本身，而不是问题的解决方案上。就像你工作失误了，你注意力都放在责怪自己上，而不是如何避免下次犯错。考试失利了，你注意力都放在刺眼的分数上，而不是用什么方法来考更好。失恋了，你会把注意力放在过去，而不是现在和未来。

所以，你很自信，你自信一旦出问题，就是天塌下来那么大的问题；你自信工作上的失误都是你的错；你自信成绩差都是因为你笨；你自信失恋了都是因为你不好。

所以你才会说，我再也不相信努力了，我再也不相信爱情了，甚至，我再也不相信任何人了。

明明是你看错了世界，却说世界欺骗了你。

那天有同学跑过来问我：老师，我觉得人生很艰难，工作也很艰难，怎么办？我跟她说：工作哪怕再艰难，也不会比没工作艰难。

幸福来源于比较，不幸也来源于比较，重要的是：找好参照。世界级激励演讲师约翰·库缇斯曾经说过，如果你觉得你幸运，这个世界上一定会有比你更幸运的人；如果你觉得不幸，这个世界上一定会有比你不幸的人。听上去像句鸡汤，也像废话，却揭示了一个真理：无论你觉得你是对的，还是你是错的，你都是对的。意思是：你永远有选择，你可以觉得自己幸运，也可以觉得自己不幸。

消极是一种本能，而乐观是一种选择。同样，不自信是一种本能，而自信是一种选择。我是一切的根源，爱是一切的答案，记住一句话：这个世界上没有其他人，是你，选择了你的记忆和生活。

记得有一次陪朋友去寺庙。我这位女性朋友特别信命，她求了一签，拿起一看，大凶，她吓得脸色发白。我马上抢过来，对她说：你再求一签；她又摇了摇签筒，捡起来，大吉。她紧紧握住了这支签。我笑了笑说：你看，命运掌握在手中吧！你总能做更好的选择。她笑逐颜开。

人生其实很简单，如果结果不是你想要的，再来一遍。但如果你没有为自己做更好的选择，不过是你不够爱自己罢了。

自信，永远是一种选择性的相信。所以，自信的人永远不受伤害，自信的人永不抱怨。

你看那些容易受伤的人，他们的口头禅是：这个世界我最惨。你看那些永远在抱怨的人，他们总是念叨：家里没矿，身后无人，全年无休。仿佛世界欠了他们什么。

你要记住，不是因为自信才做选择，而是因为选择才会自信。你选择看到什么世界，世界就会呈现出什么模样。

你觉得缺这缺那，没有这没有那，不如选择换一个角度：

因为无常，所以精彩。

因为无果，所以期待。

因为无我，所以自在。

因为无，所以有。

甚至有时候，你都可以不管有没有、能不能，只是毫无理由地自信，就能做到了。

按照流体动力学，大黄蜂本该没有足够的力量，让自己飞起来，但大黄蜂并不知道这件事。它只是去飞，就飞起来了。

我 18 岁的时候第一次上台授课，下台后，我的前辈告诉了我这句话，现在把这句话转赠给你：教什么都是教热情，学什么都是学自信。

这是真相，你有了热情，就有了自信。

你选择了自信，就选择了另一种人生。

2. 你会成为你相信的样子

很多人都说，想要成为最好的自己。也有人说，想要成为全新的自己。更有人说，想要成为最真实的自己。但你会成为哪个自己呢？

答案是：你不会成为你想要成为的样子，你只会成为你相信的那个自己。

这个世界的运作规律是：你注意力在哪里，结果就在哪里；你角度是什么，就会看见什么；最后，你相信什么，就会成为什么。

社会心理学把这种现象叫"自证预言"（self-fulfilling prophecy），自证预言是指人们先入为主的判断，无论其正确与否，都将或多或少地影响到人们的行为，以至于这个判断最后真的实现。这是主观期待影响客观现实的最佳例子，简单来讲，就是"你认为你行，你就行""你认你不行，你就不行"。

还记得小学三年级一次语文考试，我作文得到了最高分。老师的批语是：文笔优美，用词生动。

语文老师特别激动，把我的文章复印了，全班同学人手一份，作为写作课的学习素材。

开家长会的时候，语文老师还跟我妈说：你儿子啊，是一个写作的天才。

会后，班主任又跑过来，跟我妈说：你儿子在写作上，是个天才，要好好培养。

我妈受到了激励，也觉得儿子是个天才，回去马上给我请了一位特级教师，开始给我一对一指导作文。

这位补习老师每次上课都对我说：年纪小小，语言敏感度就那么高，你是个天才。

受到了同学、老师、家人的轮流鼓励，我也变得开始相信了：我是个天才。

从那之后，我下笔如有神，从小学到高中，每次作文都将近满分，每次作文都会被拿到全班同学跟前朗读。我成了老师的自豪，爸妈的骄傲。我变成了大家眼中的小神童，小天才。

高中毕业后，我回到小学看望语文老师。老师说：小天才回来啦，你当年的作文我都还保留着呢！这些年，我都拿你的文章当教材呢！

我又惊喜又感动，她说着就从最下层的抽屉，翻出一个牛皮纸袋，她拍拍纸袋上的灰，又从纸袋里拿出了一沓黄黄的稿纸。

稿纸上正是我年少时的字迹，老师指着其中的一篇，说：这就是我头一次发现你与众不同的那篇作文，你看这句写得多好啊——小红向小明开枪，用开枪替代开腔，既是谐音，又是双关，大文学家的手法啊！

我吓了一跳，回想当年，我是考试的时候有点走神，所以写错字了，才写成了"开枪"。

一个错别字，老师误以为我是天才，爸妈以为我是天才，我也以为我是天才，最后真的有了天才般的表现。这简直是个美丽的误会。

同时让我意识到了，人生中最重要的因果关系：不是因为可能才相信，而是因为相信才可能。

无论何时，无论发生什么，无论是否有人对你否定甚至指责，哪怕有一天你觉得你再也不相信这个世界了，请你记得，相信自己，哪怕一次。

因为，事情终将顺利，生活终将美好，你也终将成为你相信的那个样子。

3. 假装直到成为

也许你问，光是相信就可以了吗？什么都不用做了吗？比如说，你相信自己会成为千万富翁，但你每天躺在床上睡觉，你觉得可能吗？当然不可能了！

相信归相信，但要对事情的最后结果产生影响，最终还得落到行动。相信是行动的前提，相信的作用是：帮助行动的结果最大化。

那由相信到行动，再到产出结果的法门是什么呢？我想到了求学时碰到的一个英文句子，我至今都认为，这是我见过最美的英文，它也是这个方法的最佳诠释，这句话叫作：Fake it until you make it.（假装你做到，直到你真做到。）

"假装你做到"的本质，就是相信你能做到。这是我近 10 年来实践过的，最有效的自我突破方法。从一开始我有点自闭不善交流，到我成为补习机构的小老师，到我成为新东方名师，再到我成为国际认证催眠师，企业的商业策略顾问。这个方法都助我突飞猛进，一路高歌。

我的老师，是世界第一潜能激发大师安东尼·罗宾，我在美国跟他学习潜能激发的时候，他说了一个方法，叫 ACT AS IF。翻译过来，就是：像谁谁谁一样去行动。在我看来，ACT AS IF 有两层重要的含义，一是你要去假装，二是你要去模仿。

安东尼·罗宾说过：如果你要成为一个超级演讲家，你就去看看世界上最伟大的演讲家是怎么做的、怎么说的；你要一遍一遍地去看他们的视频，看看他们的动作是什么，他们在哪里强调，在哪里停顿；他们谈吐如何，行为举止如何，甚至如何饮食，如何作息。然后假装你就是他。

就这样苦苦假装模仿了一年，我的气场越来越大，自信越来越强，当然一并提升的，还有我的演讲能力。我从一开始给几百人做演讲，到给几千人做演讲，最后轻松讲上万人的场次，这个结果是我意想不到的。

把这一招用到极致的，是电影《猫鼠游戏》中的男主角。擅长伪装的阿巴格诺，伪造空头支票，假装年轻有为的商人，在美国 50 个州与全球 28 个国家提取总金额达 600 万美元。不久后，他又假冒飞行员，借此免费乘坐高级客机和入住高级酒店。此后，他又伪装哈佛医学院毕业生，在乔治亚州一所医院当起急诊大夫。假装技能一路开挂。

后来我教英语，教同学们练习发音。ACT AS IF 的法门，也同样奏效。讲座时，我经常问同学们：今天你们学英语，谁是最好的老师啊？

同学们异口同声地回答：自己。

我笑笑说：难怪你们一直学不好！

同学们不解，我继续说：那个在这个领域最厉害的人，才是你最好的老师。怎么可能是自己呢？

你要去模仿他，假装自己是他，这样进步才最快。比如，你们在朗读，模仿发音时，就假装自己是美国的播音员。在演讲时，就假装自己是奥巴马。在对话时，就假装自己是 ABC（出生在美国的华人）。

这些学生后来给我反馈，果然学习的过程轻松了，效果也好多了。

当你假装成一个你不熟悉的人或不熟悉的角色时，你扮演的人便开始成了你的一部分，你也成功地突破了自己的边界，为自己解锁了更大的地图。

如果你还不是，就假装是。因为，装得多就像了，像得多就是了。

因为相信，所以假装；因为假装，所以成为。

相信，就会看见；努力，就会实现。加油！

第一反应是本能，第二反应是才能

你的第一反应可能成就你，更可能害了你。

前几天，一个新的短信 app 上线。我马上下载试用，觉得不错，于是，我第一时间发朋友圈推荐，并附上我的新短信号，让大家加我。

让我惊讶的是，几十个人秒回了评论。我扫了一眼，基本上有 5 种反应：

"这个看起来就跟微信一样啊，没必要多一个吧。"

"这个好像还要花钱吧？花多少钱，贵不贵？"

"这个是骗人的吧？！"

"用过了，功能非常烂，体验非常差！"

"我马上下一个！加你！"

人的第一反应是本能，它最真实，也最可怕。它是你思维的起跑线，也是思维习惯的直接呈现。

不要看回复朋友圈这么小的一件事，据我观察，这个人在其他方面，接触到其他事物时，他的反应也极有可能是相同的，因为人都喜欢待在自己的舒适圈，除非这个反应给他带来更大的痛苦和损失，不然第一反应会倾向保持不变。

你的第一反应，主宰了你的人生。

1. "读书课测试"

你的第一反应是怎样的呢？

你有没有什么阻碍自身发展的第一反应呢？

别急，我们来做个小测试，我管它叫"读书课测试"。

我曾开过一门课，叫作"一年读 1000 本书，我收获了什么？"。

好，停下来，马上告诉我，看到这个标题，你的第一反应是什么？用一张 A4 纸写下你的第一反应和感受。

不瞒你说，当年这个课的开课通知一发布，评论区可是炸开了锅：

"每年读 1000 本书，怎么可能，是骗人的吧！"

"一年读 1000 本，是漫画书吧，没必要听了！"

"听过了，陈词滥调，没收获！"

"这个课是免费还是收费的？最好是免费的！"

"这么神奇？我去听听看，看看能学到什么？"

以上反应，有没有一个，至少和你的反应特别类似呢？

仔细比对一下，开篇所说的反应，你会发现，还是这 5 个最经典的第一反应：怀疑，没必要，挑刺，价钱，学习。这些反应都没有对错，但有两个可怕之处。一是，5 个反应中的 4 个都偏向消极；二是，大多数的反应，都是在还没有尝试、经历和体验之前，就给出了一个先入为主的判断。

拥有这一类第一反应的人，会固执己见，他们会觉得：超出我认知的，都是假的；比我厉害的，都是骗人的；我没见过的，都是不存在的。在他们所认为的世界里，考试成绩好的人是因为偷看了别人的答案，有钱人能发家致富是因为从事了非法勾当，成功者背后一定有见不得人的黑历史。

他们总是应激，而从不反思；他们总是挑刺，却从不学习；他们总是把自己错误的归因，当作世界的真理。他们通过挑刺的方式来获得一种道德上的优越感和报复的快感，最终得到一种自己"没有被超越"和"没有差很远"的幻觉和安全感。

当他们被自己的第一反应蒙蔽，沉浸在自己的幻觉中沾沾自喜的时候，却忽略了真相是什么？其实真相是：我大二时，因为失恋，很痛苦，于是把自己关在了图书馆，读了1000多本书。就那一年，我读了上千本书，而不是每一年。而更重要的是，这节分享课的主要结论：1.读书的目的，是完善你解释这个世界的系统；2.读书没有必要读那么多，更不能用数字来衡量；3.精读比速读，更有利也更有效；4.读书是开始，而不是结束，下一步是去运用和验证。

以上就是我"读完1000本书"这段经历的最大反思和收获。你有没有觉得，真相好像跟你先入为主、未经考究的判断会有比较大的差距呢？

思维即境界，眼界即世界。

俗话说"没吃过猪肉，还没见过猪跑吗"，说的就是这个道理。就算最初没吃过猪肉，但见过猪跑，知道猪是可以吃的，这很重要。因为这个眼界，早晚会使一个没吃过猪肉的人，吃上猪肉。

如果你见都没有见过，连知道都不知道，人家和你说的时候，你还自我封闭，哪怕把它作为一个认知选项都不愿意的话，最终只能活活饿死。

2.最严重的第一反应

生物界中有一种生物，叫作草履虫。它们是单细胞生物，它们是低等生物，它们没有神经，所以只有应激反应。它们的反应模式是：外界戳它一下，它就缩一下，或是躲一下。这就是生物最原始、最本能的反应，目的是保护自己。

人要成为人，要成为真正的高级动物，就要去掉自己身上这些低级元素，与生物本能做斗争。比如说，你见到一些人，一点就着，他们骂不还口，直接还手。

你一碰就缩、就躲、就还击，那跟草履虫有什么区别呢？

还有一种人，他们的攻击不向外，只向内。你一说，他就难过；你再说，他就哭；你再说重一点，他就要去死。这种人有一颗玻璃心，甚至是豆腐心。

心理学界中，有一种现象，叫证真偏差（confirmation bias）。证真偏差，简单来说，就是你会偏向相信头脑中已有的观点或成见，会自动为其寻找证据，并无法接受相反的观点和证据。

比如你怀疑邻居偷了斧头，怎么看他怎么像贼；后来斧头找到了，却怎么看都不像了。"智子疑邻"的典故，是证真偏差最佳诠释。

我见过最严重的第一反应，就是草履虫般的应激加证真偏差般的固执了。这种第一反应，一般表现为：口头禅，比如说：我去！

你今天看到一部不错的电影，说：我去！然后吃了一顿可口的晚餐，说：我去！最后回家的时候，心仪的对象还给你打电话，来电显示的那一刻，你说：我去！

思维会塑造你的语言，同样，语言会反过来影响你的思维。口头禅是危险的！如果所有事情，你的第一反应都是口头禅。所有的情况，你都用单调的一个词来回应，试问，你跟一条狗有什么区别？

你的"我去！""我去！""我去！"就像它的"汪！""汪！""汪！"

3. 你的限制性信念，就是你的第一反应

第一反应的背后，是你的限制性信念。

限制性信念的存在，限制了你发现更多的可能，是人生最大的一块绊脚石。如果有了这个认知，你会发现，在人生前进的路上，绊倒自己的，往往不是层出不穷的障碍，也不是一路遇上的对手，而是那个固执己见的自己。内部的"敌人"，远比外部的敌人来得可怕。

比如说，一个女生碰见一个男生，她就想逃跑，她觉得男生很可怕。因为她的第一反应是：男人都是坏人。

我认识过这么一个女孩，我决定引导她打破原有的第一反应和限制性信念。

我问她：如果你觉得男人都是坏人，难道你要孤独终老吗？

她摇了摇头。

我继续问：如果你觉得男人都是坏人，难道你要准备爱上女人吗？

她继续摇摇头。

我最后问：如果你觉得男人都是坏人，请问，你觉得你父亲、你外公、你爷爷，对了，还有你弟弟，他们都是坏人吗？

她再次摇了摇头，又若有所思。

第一反应的动机很可能是保护，但结果很可能就是限制。而限制的时候，你又会习惯性全盘否定，所以才抹杀掉所有的可能。

发展可能性，不等于叫你不保护自己；保护好自己，又不代表要限制所有的可能性，这两者本来并不冲突。

如何改变？最好的做法是，保护好自己，但又不限制自己的可能性。

就像刚才的女生觉得男生有危险，有心仪的男生邀约，她要不要赴约？可以赴约啊！要真担心的话，就不一起吃晚饭嘛，但还是可以选择

一起吃午饭啊!

你要开始学会,从第一反应觉察自己的限制性信念;再从限制性信念倒回来,改变自己的第一反应。

4. 用第二反应,替代第一反应

10年前,我有一个特别不好的第一反应:听不得别人给我的建议。别人一给我建议,或开始说教,我的第一反应是:你觉得我不知道吗?你怀疑我的智力吗?甚至有时候,我还会反击。

意识到问题后,我给自己设计了一个第二反应,来替代这个第一反应。

请注意,替代,就是最好的改变。我们常说要改掉一个坏习惯,但总是改不掉。为什么?因为改是非常难的,最好的方法是:不去改,直接用一个新习惯,替代原来的旧习惯。

我的第二反应是,一听到别人给我提建议,我会问自己3个问题。

1. 对方说的有没有可能是对的?

2. 我所做的有没有可能是错的?

3. 对方说的有什么我是可以学习,从而让自己做得更好?

第一反应是本能,第二反应是才能。才能,就需要你用理智去学习、思考,然后创造。而不是冲动、应激、挑刺、自怨自艾。

只给出消极的第一反应,永远不会有新可能,它只有一个可能,就是这个消极反应的不断反复,恶性循环。直到你能选择一个更好的第二反应,来替代原来的第一反应,打破循环。

内部的障碍,远比外部的障碍更可怕,最大的敌人,永远是自己。

所以,千万别让你的第一反应,主宰了你的人生。请从现在开始,设计你的第二反应,对自己负全责,让你自己,成为人生的主宰。

把一招练成绝招

年初时，我的学生找到我，问：帅帅，这是我的职业规划，你能帮我看一下吗？

我接住她递过来的纸，只见纸上密密麻麻地写了 10 多个职业和身份。

我说：十几个职业？你确定这都是你要做的吗？

她目光坚定，点了点头说：是的！我很确定！

我说：为什么呢？

她说：我要像大家一样，成为一名斜杠青年！

我吓了一跳，跟她说：孩子，回头是岸啊！

她不解，反问道：为什么啊？

我说：因为，斜杠青年对大多数人而言，是个被误解的概念。

"斜杠"这个词，来源于英文"slash"，意思是：拥有多重职业和身份的多元生活的人群。这群人可能有一份稳定的工作，而在工作之余发展出他们的一个兴趣，并以此获得额外的收入。

这个时代，又被称为"斜杠时代"，"跨界"成了一种风气。似乎一个歌手，不去做演员演个电影，不去当个主持人，就不是一个好歌手。

一个 CEO，不开个发布会来场演说，不去参加一个真人秀，就不是一个好 CEO。

我们不得不面对的事实是，对大部分年轻人而言：很多人都希望能选择更多，但只有一小部分人能承担更多。对他们来说，做好本分工作，可能就已经很不错了。

1. 你那不是"斜杠"，你那是兼职

小时候，很多人告诉你，要多才多艺；读书时，很多人又来告诉你，要德智体美劳全面发展；长大了，来到社会，很多人再次出现，他们告诉你，你要发展副业，你要成为一名"斜杠青年"。

我每次听到有人这样鼓吹，总觉得这些人别有用心，因为你没有主业，怎么会有副业；你没有一个身份，怎么会有多重身份；在没有一个足够厉害的特长之前，你的"多"，必然会影响你的"专"。

如果多几个身份和标签，就能算"斜杠青年"的话，我觉得，他们都比不过小时候咱村里头的刘大妈。刘大妈，更精确地说，是斜杠老年：洗碗工／杂工／缝衣匠／墙报主创／街头歌手／毽子运动员／保姆／插秧能手／喂猪高手／杀鸡达人…… 按今天的标准，我敢断定，年轻时，刘大妈准是"斜杠青年"。

专门给我家送快递的小哥，有次告诉我，他的生活非常忙碌。我说忙啥呢？他说上午要送顺丰，下午要送美团，晚上还要送 e 袋洗。看起来，他就是个典型的"斜杠"啊！

我想认真地告诉你：你这么做，并不会成为"斜杠青年"，大多数人都不会，你只会成为"兼职青年"。因为你要从事的多个职业毫无关联，无法相互赋能，并都要耗费时间来兑现。本质上，你只是花更多的时间，

出卖更多的劳动力来赚钱。劳动是光荣没错，我也并非在讨论好坏，我想说的是：如果你把时间都放在了琐碎的兼职上，久而久之，就会恶性循环，失去在社会上立足的资本。

这个是你成为"斜杠"的最大风险：兼职耗费了你大部分的时间和精力，你却没有给自己留下一点空间，去培养你的竞争力，为你的时间增值。为了赚点小钱，却占用了你本该用来前进的宝贵时间，得不偿失。

我能理解你为何非要成为"斜杠"，因为你想要那种看起来、听上去"很厉害"的感觉。但面对现实吧，我们说一个人厉害，一定是说他在某一方面、某一个领域很厉害。我们并不会因一个人涉猎多方面就说他厉害，因为我们非常清楚，这个人就只是"涉猎"而已。一个人要是足够厉害，有名字足矣，根本不需要成堆的 title（头衔），王菲微博的自我介绍，只有 4 个字：暂无介绍。

英文中有一句话，叫作：To know everything is to know nothing. 这句话接近于真理，什么意思？样样皆通，样样皆松。翻译为大白话就是：貌似懂很多，实际啥都不懂。

2. 不好意思，我不是"斜杠青年"

有一次，有一位朋友和我说：你真是一个杰出的斜杠青年啊！

我打趣道：快别侮辱我！我不是！

朋友说：为什么啊？

我说：你想，一个人得多么傻，才会想要成为斜杠青年啊！并且，一个人得多么弱，才会标榜自己是斜杠青年啊！还有，一个人得多么坏，才会想让别人跟自己一起成为斜杠青年啊！

朋友不服，列出证据：你看你不是英语名师，NLP 高级执行师、国际认证催眠师、商业策略顾问吗？而且你设计的个人成长课程，你写的个人发展专栏，都很受欢迎啊！你就是斜杠青年！

熟悉我的学生和朋友都知道，我确实从事过以上的职业。但你可能忽略了一点，这里提到的几个职业，都有一个共通点：语言的应用能力。而这背后的核心能力是：语言的敏感度和思维能力。

你看到的，只是我这几个表面的"身份"，它们是结果。所以凭这个结果，你就轻易下了判断我是"斜杠青年"。但你却忽略了，我完整的发展轨迹和路径。更重要的是，你不知道，把这些项目加进到我个人成长的规划前，我经过了充分的考虑、理智的选择。

上高中时，我就对语言感兴趣，自己也有不错的敏感度。所以大一时，我选择了外语系，主修商务英语，当时我们有一门叫语言学的必修课。有一天，我从语言学的书中发现了一个陌生名词：NLP。我便习惯性地去搜索一下，结果越看资料，越有感觉；进而了解到 NLP 已经是一门成体系的科学，当机立断，报班学习。

这里我并没"斜杠"，也没跨界，因为 NLP 的全称是 Neuro Linguistic Programming，译成中文，就是"神经语言程式学"。它也还是语言学，事实上它是一半的语言学、一半的心理学。当然你也可以把 NLP 理解为，用心理学的视角去看语言。

当我在 NLP 上不断深造的时候，我知道了语言和人的思维、潜意识密不可分。还是几乎同样的过程，我去搜索语言、思维和潜意识的关系，去进一步了解它们如何相互作用，便接触到了催眠，就顺便把催眠也学了。

我有个习惯，选择了，就做好，最后我就把三者都学成了。但从头到尾，我都不认为自己学了三样不同的事情，我觉得我都在学同一件，关于"语言应用"的事。

看起来，变的是形式，但不变的，是本质。

在我自己的角度，我只是做了一件最核心的事，而在你的角度，我完成了好几件事，所以你觉得我是所谓的"斜杠"。事实上，我一直在做自己喜欢并擅长的事，然后把它们做到最好。"斜杠青年"的说法，完全是一种误解。不好意思，我真不是。

这个世界上，去做很多事其实很简单，因为三心二意是人的本性；真正难的是把一件事，做得足够好。你想啊，有多少人，还是学不会：一心一意做一件事，全心全意爱一个人？

3. 把一招练成绝招

我从小习武，五六岁的时候，父母就把我送到师父家，天天跟着师父练习。

记得刚开始时，师父只给我们示范，如何打好一拳，并告诫我们：什么是武术？这一拳练好了，就是武术。

当时也没完全明白，因为师父严厉，只好听话照做。

我一拳接着一拳，打出去，收回来，再打出去，再收回来；练来练去，来来回回，还是在练着这么一招。3个月过去，我不耐烦了，有点想放弃。

师父好像看出了我的心思，说：耐心点，继续练。

我嘟着嘴抱怨道：这都不是武术，无聊死了，师父为什么你不教点别的招式呢？

师父责备：这就是武术，别废话，接着练！

师父握着我的拳头，边调整我的动作边说：注意拳眼，注意不要握太紧，注意收手肘，沉肩，力从地起。

师父非常在意每个细节，他再三地叮嘱：如果这些细节没有做到，就不是那一拳，就不是武术。

一拳，两拳，三拳，不知道一共打了多少拳，又半年过去了，再大的耐心，也熬不过年少气盛。

记得那一天，我完全失去了耐心，跑到师父跟前说：师父，我不学了，我要退学。

师父诡异地一笑，说：你等一下。说着就从门后拿出一块木板，放到我的跟前，然后说：来，打打看。

我本来就有点脾气，一拳出去，木板应声开裂。我有点不敢相信，收回拳头，细细查看，我的手竟安然无恙。

师父满意地点点头，不知他从哪儿又变出一块板砖，举到了我跟前，说：来，再打打看。

这下我犹豫了，师父说：别怕，记住我跟你说的，来一拳。

注意拳眼，不要握太紧，收手肘，沉肩，力从地起。拳打出去的时候，师父平常的教导在脑海中一闪而过，清脆的一声，板砖飞出去了半截，我吓得合不拢嘴。

师父拍着我的肩说：你看啊，你学会了！你现在能让 98% 的人失去还手之力了。

看着我惊魂未定的样子，师父说：为什么我们不先学招式？你想一想，你的对手在你面前花拳绣腿摆弄半天，架势看着不错，也有观赏性；结果你一上来，打一拳，他就趴下了。你觉得，这一招有用，还是那些花招有用呢？

我恍然大悟，有的人练武一辈子就练这一拳，有的人练武却练了一辈子的招式，所以最后有人成了武术家，有人却成了武术表演艺术家。所谓练武不练功，到老一场空。把这一招练成绝招，就是功啊。

在我们学习、职业和个人发展的选择上，难道不是一样的道理吗？你需要的，不是标签，而是价值。你有再多的子弹，也不及你有一颗原子弹。

所以，你需要的不是"斜杠"，而是绝招。

就像我们当老师，我们要练的那一招就是备好课、讲好课。就像我们学语言，我们要练的一招就是把一门语言学到极致，学成母语的样子。就像我们个人成长，我们要练的一招就是我们的本专业，我们的天赋才能，让它们成为核心竞争力。

创业圈中有一句非常流行的话：因为专注，所以专业。

人生最重要的事情，只有一件。找到这件事，把你所有的时间、注意力、心智、精力全都投入在这件事情上面。我们真不需要那么多招，我们只要保证有一招，并且那招是绝招，足矣。

因为，一旦你把一招练成了绝招，你至少有了两个收获：

① 你拥有了一个绝招；

② 你懂得了练绝招的方式。

大家常讨论什么是高手，这不就是高手嘛——有一个绝招，懂得练绝招的方式。

这时候，假如你对另外一件事情或领域感兴趣，就把练绝招的方式进行迁移，无论是什么，都能快速上手，轻松"跨界"。

你要学会发展优势，才能变得优秀。你还要学会用优势发展替代趋势发展。

一个人的优势，无非四件事：

做有天赋的事，完全相信你自己，找到你的拿手好戏，把它变成你的必杀技。

PART

3

深度学习，
成为认知突围的高手

你所在的高度，决定你能看见什么

你所在的高度，决定了你能看见什么。

如果你立足在 200 层高的楼顶，你能看见蓝天下云卷云舒；如果你立足在 20 楼，能极目远眺，俯瞰整座城市；如果你立足在 2 楼，可能就只能看见满目的垃圾。如果你站在地面，看到自己被垃圾包围，你可能也会怀疑，自己就是垃圾。

而维度，就是你看问题、思考问题和解决问题的"立足点"。

选择更高的"立足点"，就是提升一个维度看问题，这就是升维思考；很多时候，当你站得更高，看得更远，问题就不是问题了。

升维思考的下一步，是降维打击。降维打击，就是我有一个面，你只有一条线；我有一条线，你只有一个点；或者更直接，我有一个面，你只有一个点。我就能轻松把你灭掉。

举个简单的例子。在一只蚂蚁的大脑中，世界是二维平面的，只有"前后""左右"两个维度，没有"上下"这第三个维度，所以，当它被一根从天而降的手指捻死时，它一定死不瞑目。

这就是自古以来的取胜之道，强打弱，大打小，多维打单维，高维打低维。有了这个基本认识后，我们要做的就是提高自己思考的维度，看尽可能多的方面，需要使用时，便能降维吊打对手，解决问题，立于不败之地。

总结过去 10 年的快速成长和行动经验，我有 4 个方法，来进行"升维思考，降维打击"。

方法一　古为今用

人类发展的历史长河中，留下了无数的智慧。以下这些数字，我们并不陌生：中华上下 5000 年，有文字记载的人类文明 6000 多年。而据考古学家推测，人类文明的真正长度，可能是以上时间的 100 倍。

时间长度不是重点，重点是：这样长的时间，留给了我们什么。又或者，带给了我们什么？

看的书越多，走的路越远，接触的人、事、物越广，我越来越能发现一个接近真理的事实：天底下没有新鲜事，一切不过是历史的重复。

历史在重复，我们也是。

就像人的成长、进步，到最后取得的成就，都会受到原生家庭影响。你最早从父母身上学到了一切，你学会了如何看待世界，如何去爱，如何为人处世，如何议事判事，如何获得自己想要的。你会发现，你身上的优点，都继承自你的父母。甚至你更多的缺点，也来源于他们。青出于蓝，只是个理想状态，更真实的情况是，你是他们的影子，很容易地，你又重复了他们的一生。

我们总想创造历史，但事实是，我们没有创造历史，我们被历史创造。

而人的本身，也难以摆脱这种重复。我们观察自身，能看到：今天的我，不过是昨天的我的重复。你有没有发现，好像你总会为特定的几件事烦心，总是犯某些错误，总是后悔自己没有做一些事情，也总是会吸引一些有相似特点的人来到你的身边。无论好事还是坏事，他们都在重复，也许形式不同，但本质雷同。

重演不是坏事，这甚至是生命的本质。你看我们现在的躯体、心脏、头脑，都由过去的一个个细胞不断复制和分裂而成。复制和重演，是我们生命最底层的规律。

由此可见，如果你对生活不满，现在你的某个不满，可能就是由一个很先前的不满，慢慢复制，长大，然后爆发。反过来看，今天为什么要进步？为什么要多养成一些好习惯？原因很简单，就是：我的生命在明天重演时，就会把好习惯进行复制，把优秀的品质进行复制，效果也自然加倍。

无论是什么，都是种子，只要你去浇灌，它都能长成大树。好习惯是，坏脾气亦然。

时代和历史也一样，本质是类似，实质是重复，所谓的变化，不过是表面上的工具和载体发生了改变。

不管你现在是否能理解，请先记住：我们没有创造历史，我们被历史创造。

如果我们能从"实质没变，只是重复"这个角度去思考，人类的文明、人类的智慧源远流长，现在我们遇上的很多困惑和问题，我们的祖先，其实早已遇到过。这些问题早已被发现、被思考、被研究，也早已产生标准答案了，甚至这些答案，也早已被多次优化。

我们之所以困惑，也只不过是我们不知道而已。

只要我们从历史的长河里，去探寻答案，现在的问题就会豁然开朗。因为比起历史里发生的大事，我们身上发生的，是小事。

从历史的智慧中找答案，就是升维思考，再把历史里的规律和方法用在我们个人进化上来，就是降维打击。

如果你是一棵小树，要想变成大树，要做的事情其实很简单，就是去研究那些已经长成的大树，研究他们的成长方法和轨迹，再用到自己身上来。让自己在不久的将来，也成为大树。

比如，之前一个企业家来找我做咨询，问我该如何成为领袖，组建和带领自己的团队？

我告诉他：其实你根本不用看如何带团队这类书。

他说：那应该从哪里去学呢？

我说：你只需从人类文明中去找答案。你会发现古罗马和古希腊，曾拥有世界上最强大的军队和将领，你去学习他们将领的处事方式，如何行军打仗。然后降维打击，你公司几十人的小团队，自然不在话下。

哪怕你只是回望古代中国，也有世界上最好的将领和军队。中国历史会告诉你，一个好的将军要做到三点：1. 身先士卒；2. 有勇有谋；3. 能严格，也能慈爱。其中最后一点最重要，好将军在训练士兵时，是极为严格的。严格的目的，是为了保护士兵，平时的充分训练是为了士兵上战场不会轻易战死；而在士兵中箭受伤的时候，这位将军又能蹲下来，一口一口把士兵伤口里的箭毒吸出来。

再比如，你想知道管理时间的关键是什么，你看 10 本时间管理的书，可能依然不得要领。但如果你在历史中找答案，看看亚当·斯密的《国富论》，它第一章就告诉你时间管理中一个最重要的认知：俗务外包。

亚当·斯密举了一个制针工厂的例子。工厂把制针这个工作分成大约 18 种不同工序，每一道工序都有专门人才从事。因此，一个 10 人的小工厂，每天能制造 48000 枚针。如果他们独立工作，不专门从事某一种工序，他们谁都不能每天制造 20 枚针，也许连一枚都制造不出来。所以，凡是能采用分工的工艺，一旦采用分工，便能相应地增加劳动生产力。

简单来说，你有自己的专业所长，你所有的时间都该用在自己最擅长的事上；而那些你不擅长的事，都是你的"俗务"，就把它们"外包"

出去，让更专业的人来完成。比如我写文章发公众号，我擅长写文章，但不擅长排版，我就请一个助理来替我完成排版这个部分，我就可以更专注，把我的时间和精力，集中地放在内容的创作上。

再上升一层思考，和你人生终极目标或最终幸福不相关的，都可以定义为"俗务"。比如于我而言，平时我会叫外卖；请阿姨来打扫卫生，收拾书柜和衣柜；不自己开车，而让司机接送等。最近我还雇了一个发型师，每月定时来我家给我理发。因为吃饭出行理发打扫卫生，于我而言，都是生活的琐碎，我认为生命宝贵，不该被这些事情占据。而我的这些举措，都能大量为我节省精力，也给我每天大量的思考，创造出时间和空间。

你要记住，人生为一件大事而来，其余都是俗务。

如果你有空闲的钱，我的建议是，都用来为自己购买更多空闲的时间。哪怕是一点点也可以，起码这是个好的开始。

快速复盘一下，你想更好地管理时间，于是从历史的经典里找答案，然后得到一个认知：俗务外包。维度升高了，你自然就开始思考，什么是你的专业，什么又是你的俗务，进而把你的"俗务"都安排出去。最后还能引申到一个结论，金钱的有效使用方式：花钱买时间。

我们可以推想一下，你因为得到了这么一个认知，人生会走进一个什么样的新循环？

你开始承认自己能力有限，你开始学会只把注意力放在自己擅长的事上，你开始用钱买时间。有了空闲时间，你就可以思考、反思，从而更快地前进，以更快的速度，赚到更多的钱。有了更多的钱，从而买回更多的时间。直到你可以买回所有自己的时间，也有了用不完的钱，达到财务和时间的双重自由。

同样，如果想知道如何做生意，就去研究《罗斯柴尔德家族》，而不是去看 108 个赚钱的方法；如果想知道怎样激励孩子，就去看《洛克菲勒留给儿子的 38 封信》，而不是看如何当个好妈妈。如果想学写故事，就去看《伊索寓言》《安徒生童话》《一千零一夜》。如果想了解自己，就去看《自卑与超越》。如果想了解他人，就去看《人性的弱点》。

如果你想得到一个行业里面最宝贵的经验，就去研究该行业中，经典中的经典。再重复一遍：天底下没有新鲜事，一切不过是历史的重复。

你在典籍中学会了智慧，然后用几千年的经验，来对付别人几年的经验，你说，这不是降维打击，是什么？

历史中的经典，就是升维思考的第一个重要维度。

请记住，别人能教会你的东西，历史必能教会你更多。

方法二　他山之石

他山之石，可以攻玉。第二个方法，顾名思义，这个维度的关键是：跨学科思考，跨领域借力，然后实现降维打击。

在新东方教英语的时候，我就常常叮嘱同学们：要把生活学习化，把学习生活化。为什么要这么做？原因很简单，如果你只是抱着课本学习，容易失去乐趣，失去动力，更重要的是，很容易失去维度。

最好的知识，都在生活里。如果你能把人生当学校，在生活中学习，你的学习就会成为我一直提倡的"全方位，多角度"。在知识应用层面，你的表现是：很容易举一反三，触类旁通。

举个例子，我的好朋友李尚龙。他是英语老师、编剧、作家。为什么他写的励志文章总能打动大部分人？或者说，为什么很多人觉得他文章写得好，有共鸣？而反观同类作者的文章，总觉得差点意思。

我深刻研究过这个问题，发现本质原因，正是尚龙的跨界多维能力的灵活应用。

讲课、写剧本和写作，它们本质类似，都是表达，但侧重点有所不同。

比如，讲课侧重解释力，舞台剧剧本侧重对话，电影剧本侧重画面，而写小说却侧重情节和描述。所以你看尚龙的一篇文章，是有解释，有对话，有画面，有情节，也有描述，一共 5 个维度。而一般的作者，只有描述这个维度，多维打单维，高维打低维，这又岂是差点意思而已？

简而言之，跨界知识的灵活运用，是升维思考的第二个重要维度。只要把一些相关领域的知识或标准，移用到你的专业领域，你专业能力的呈现，就能轻松超越只待在这个领域内的人。

我开始反思：我的第一职业是广告文案，第二职业是老师，第三职业是咨询师。当我开始写作的时候，发现自己并不擅长，那我该怎么开始呢？甚至，我该如何界定自己写作的特点，从而在一开始，就尽量达到一个比较高的维度呢？

我分析了一下从事过的几个职业，广告注重的是共鸣和精练，上课注重的是解释和传授，而咨询注重的是提问和引导，所以你会发现，我的文章，也会有这些维度：共鸣，精练，解释，传授，提问和引导。而且关键是，这些维度都由我的人生经历组成，有过长时间的实操检验，短时间无法学会，也难以超越。

当然，跨学科知识的运用，并不代表你必须精通那个学科。有时候，你只要有常识，就可以构建维度更丰富的认知。

比如，你把最新的创业思维"小步快跑，快速试错"以高维打低维的方式，把这句话用在个人的成长上，就可以得出行动标准：先从一小步开始，关键是先跑起来，然后慢慢调整，完成比完美更重要。

你把公司管理的方法，用在自我管理上，就可以做自己的 CEO，更好地掌握自己的人生。比如，商业上，公司管理的一个重要原则：情绪最小化，利益最大化。有了这个标准，放在自己的为人处世上，遇上不好的事情，你可能就不再怨天尤人了，你会开始问自己：这教会了我什么？

我又学会了什么？

你再把投资增长的逻辑，用在个人的发展上。你知道了投资的"复利效应"，在自己做选择时，就会抛弃眼前的好处和短期的收益，更倾向做能长期产生"复利"的事情。

他山之石的关键是，这个石头越大，效果越好。所以，平时课堂上，我也管它叫"大材小用法"。比如，你把宇宙规律用在为人处世上，把物理定律用在沟通交流上。你知道"有作用力，就必有一个反作用力"。所以，为什么要与人为善，为什么对人要多赞美、少批评？或者用在个人勤奋上，为什么要不问收获、不问回报地付出？因为，有作用力，必有反作用，你给出去的一切，都会回到你的身上。这个世界就是这么运作的，你按照这样的方式来运作自己，与宇宙规律一致，活得更通透也更自在了。

说到这儿，肯定有人会问：老师，如果我找不到这些高维思想来帮助自身的成长，怎么办？我想告诉你，不会找不到的，只有懒人，才会找不到。又或者，你没有那么想改变吧。

怎么找？我举个例子，你自己来举一反三好了。比如，你的目标是让自己个人成长的脚步更快。个人成长对应的高维思想在哪儿呢？你就想，世界上什么发展最快？金融世界、商业世界、互联网世界瞬息万变，这三者的变化和发展的速度，一直非常快，那你就用各种渠道，收集关于这三个领域最新的100条观点或原则。

然后挑出10条最符合你目前目标的，最后把它们当作你个人发展的准则，全部都执行起来，你的发展速度就是世界速度，你的个人能力也必定快速提升。

方法三　行动无时差

过去这些年中，我不断地问自己，人与人的差距到底是什么造成的？如果今天我和一个人比，我和他有差距，这个差距到底是什么呢？

最后，我发现了一个让自己无比震惊又十分简单的答案。

人与人之间的唯一差别：时差。

一个是自己和自己的时差。比如，你今年 30 岁，但过去总在浪费时间；假设你的零零碎碎、漫不经心加起来，一共浪费了 20 年，所以实际上，你没活 30 年，你只活了 10 年。你 30 岁，却只活了 10 年，这就是时差。

一个是自己和别人的时差。比如，过去的 10 年，你的朋友每天努力学习，保持上进；你用同样的 10 年，每天打游戏，吃喝玩乐。10 年后，你的朋友成了学习高手，你成了游戏高手。这里没有谁好谁坏，只是从更普遍的角度，生活可能会对你的朋友更温柔一些，这就是时差。

你要开始明白，你的岁数，只是生理年龄，并不能代表什么。你无须在意一共活了多长，你只需在意活着的时间里，你活出了意义，创造了价值。

就像你和同龄人进行比较，你们活了同样长的时间，但为什么你会不如人？无非是因为他用了这些时间来做了正确的事，而你没做；他用了这些时间来努力，而你没努力；他用了这些时间为自己的人生做积累，而你没有。或者更简单的理解是，你们活了一样的时间，但他努力的时间、创造成果的时间比你多。大家同活了 25 年，一个可能有 50 岁的人的思考水平和洞见，而另外一个，却只有 10 岁。这就是两个人的时差。

另一种情况是，我主动学习你不主动，所以我现在掌握的信息，你多年后才掌握。还有一种情况是，我研读经典你不研读，所以我现在掌握的是人类几千年的文明、几百年的哲思、数十年的智慧，而你只有过去 10 年的生活经验。这也是时差。

先不论学习能力、转化能力，光是信息的层面，就是几百年的时差。

如果这两人一比……别闹了，这能比吗？

而造成时差的主要原因，有 3 个：获取信息、思考内化、投入使用。

由于拖延、诱惑的干扰、目标不明确等原因，在这 3 件事的启动上，又分别产生了时差。

其中"获取信息"是最为重要的。比如，假设我读了一本书，产生了思考，最后把书中的原理和原则投入生活中使用，几年后，我的生活产生了质的飞跃；但作为同龄人的你，几年后才读到同一本书。这时候，你的起点，就是我的终点。

在真实的世界中，光是阅读的时差，就足以拉开天与地一般的差距。

第一步就落后太多，更不用说后面的思考和行动了。但你别灰心，你要想，只要开始了就是好事，因为虽开始得晚，但比起那 80% 不读书的人，你总归是要更强。

就像你读我的这本书，我试图带给你更多的角度和思考，现在书在你手中了，我为你感到高兴，因为你已经快人一步了，甚至可以追回之前落后的时差。

我至今最庆幸的事，是在高中毕业时，作为一个物理高才生，最后选择了英语专业，选修了日语。大学 4 年的勤学苦练，给我的外语打下了坚实的基础。10 年前努力学习英文，让自己感到最高兴的就是：这 10 年间可以一直用英语进行阅读，第一时间获取第一手信息。在别人为读到一本畅销书的译本欣喜若狂时，我会因为 5 年前已经读过这书的原版而暗自高兴。

因为，这不仅是无障碍阅读，关键还是无时差阅读。

《纽约时报》畅销书排行榜一出来，我就可以品味原版书中最新的研究和观点。而阅读无时差，是行动无时差的第一步。

而这种无时差阅读带来的高兴，还不仅仅是因为心理优势，它是有实质优势的。

我给你稍做分析：一本美国的新书，通过传播，成为畅销书，再经过翻译，在中国出版上架，通常需要 3～5 年。而历经三五年，很多理论会被推翻，很多观点又会被更新，现在你读到一个"新知识"所产生的认知，其实是卡在了 5 年前。

比如说，现在中国创业圈很流行的概念"精益创业"，5 年前在美国已经很流行；现在国内产品人提倡的概念"第一性原理"，3 年前在美国已经街知巷闻。这样的例子不胜枚举。

之前有几个创业公司的 CEO 来找我做咨询，问我怎么预测未来 3～5 年的趋势。

我笑了笑，回答说：哪里用预测啊！如果你能看懂英文，直接去看美国现在最新的商业书籍、期刊，就能知道 5 年后的中国，会发生什么了！又因为中国人口基数大，任何新生事物都会以更高的速度成长或消亡，再有互联网和移动互联网的加持，现在美国流行的理论、正在发生的事情，3 年后就会在中国形成风潮。

学好一门语言，真的会多一个世界。而所有商业的本质，都是信息不对等。语言不通的不对等，给了我们预测未来的方法，同时也带来了发展上的实质差距。

站在 3～5 年的时间点上，我们的差距好像也只有 3～5 年。但实际上，长年累月，认知时差和行动时差的叠加，周而复始，将会变成一个无法逾越的差距。所以对于"美国科技领先世界 300 年"的说法，我毫不怀疑。

从世界的角度看，一个理论在发达国家被创造，传播到发展中国家，继而传到相对贫穷落后的国家和地区，再传到大山中部落里，可能需要几百年。因为不难想象，在幽居深山的部落里，你无法向部落的族人解释什么是飞机、什么是火车，哪怕飞机已经发明了 100 多年、火车已经发明了 200 多年。同样，你走到中国的大山中，你也无法向淳朴的村民解释，什么是"精益创业"，什么是"第一性原理"。

从个人的角度看，如果你不开始无时差学习，不进行无时差行动，哪怕你活在相对发达的国家和地区，想一想，除了吃得好一点、睡得好一点、可以看电视以外，你和深山里的土著，区别又在哪儿呢？

我们要做的事情，就是尽可能无时差地获取信息，尽可能无时差地思考内化，尽可能无时差地进行使用和纠正。争取在日后追回时差，或减少时差。从"跟别人有时差"的人，变成"别人跟你有时差"的人。

机会留给有准备的人，这句话顶多是鸡汤；我想跟你说，机会属于无时差行动的人，这不仅是鸡精、是鸡肉，还是真相。

无时差，就是你可以使用的第三个维度。

为此，请养成一种能力：获取一手信息的能力；再养成一种习惯：随时随地地发问、思考、内化；最后，再养成一种态度：马上行动，做了再说！

天下招式，唯快不破！这里的快，不是速度，而是及时。

方法四　把握可控

还记得曾辅导过一个失恋的女孩。她很爱一个男孩，在一起半年，男孩出轨，女孩伤心欲绝，提出分手。分开的 3 年里，女孩每天都怨恨着男孩和他的背叛。她来找到我的时候，我跟她说了一句，她就释怀了。

我跟她说：你有没有发现，你对男孩的怨恨，已经远远超过了他对你的伤害了；所以说白了，一直以来，你都是自己在伤害自己；而且，你好像还很乐意这么干。

女孩的注意力调整过来，便一下子想通了。

我曾说过，90% 的问题，都是注意力放错了地方。

比如，你把注意力都放在了问题本身，却忘了想解决的方案；你把注意力都放在了坏情绪上，却忘了问自己坏情绪给你带来了什么好东西；你把注意力都放在了过去，却忘了去构想一下未来。

人都有一种惯性，喜欢把自己的注意力放在自己不想要的东西上，却忘了自己想要的是什么。

注意力放错了地方，不仅问题得不到解决，而且会感觉心累。

我曾经问我的一位师父：人的心怎样才不累？怎样才没有痛苦？

师父说：吃饭的时候想着吃饭，挑水的时候想着挑水。

我恍然大悟。在实践层面的注意力，其实有两个境界：

一是，做什么的时候，想什么。

二是，想什么的时候，做什么。

这其实就是我们身心脑合一的体现，也就是专注。

如果身体在吃饭，头脑却想着挑水，当然会累啦！

我认为，对专注的最好诠释，有 4 个字：把握可控。

意思是，把你的专注，把你的注意力，放在你可以控制的事情上；你不能控制的，就别管了。

比如你无法控制突发情况的发生，但你可以控制事情的走向甚至结果。你无法控制坏事的来临，但你可以控制对这件事情的心情。你无法控制别人的闲言碎语，但你可以控制自己的做事态度。你无法控制上班被老板支配的时间，但你可以控制下班后主动把握的时间。

人的成熟，得从意识到一件事情开始：我们处于一个不确定的世界里。世界充满不确定性，就意味着，有很多事情，不为我们意志左右，不由我们所控制。但是，总会有你可控的事，事情中也总有你可控的部分。

遇事要冷静，迅速把注意力调节到这个问题上：这件事情里，有什么是我可以控制的？

进一步的问题是：我应该怎么控制，怎么调节？

把握可控，只要执行，就能带你的注意力回归，让你专注在真正重要的事情上。

如果你的注意力都在不可控的事情上，久而久之，你的人生必然失控。

注意力在哪里，结果就在哪里。置心于一处，无事不办。

你的人生，就是你时间累积的总和，也是你注意力累积的总和，更准确地说，是你做出一次又一次选择，产生一个又一个成果的总和。而把握可控，就是真正地把握住生命中重要的事，从而把握人生。

历史中的智慧、跨领域的知识、无时差的行动、可把控的注意力，就是你可以给自己加上的 4 个高度。它们也是你"升维思考，降维打击"的 4 个最好工具。

增加维度，增加可能性，过立体的人生。

为什么你听过那么多的道理，
还是过不好这一生

"听过很多道理，依然过不好这一生。"

电影《后会无期》海报上的一句标语，读来很耐人寻味。

为什么？原因很简单，因为我们身边有太多人觉得，知道就够了。

所以他们有了一种幻觉，听过就等于知道，知道就等于做到，做到就等于做好，就等于过好一生。

但事实上，"听过道理"离"过好一生"的距离，还是很远的。这中间的距离，就是我们的认知盲区，我们从未察觉这些距离的存在，没有思考过道理是如何对我们的人生产生影响。

1. 第一个距离：道理的时效性

我们需要建立的第一个基础认识是：道理的成立，是有条件的。

换句话说，它们有适用范围：某个道理在某些情况下适用，在某些情况下，它可能就不适用。以后你学到的学习方法、学习技巧、解决问题的策略同理。正如世界上没有一种药，可以治所有的病，针对不同的病，我们得对症下药。

而最显著的适用范围，就是时效性。不妨想一下，以前老人家讲的一些观点，或者说几十年前的观点，虽然你现在还能听到一些，但这些观点有没有用呢？还是它听起来只是一句浪漫的废话，让你觉得很有道理而已？

举个例子，很久以前有人说，英雄不问出处，听起来有道理，但你到企业面试，首先问你的学历。你会觉得奇怪，怎么现实和听到的不一样，说好的不问出处呢？

后来又有人说，不以成败论英雄，听起来也很有道理，但每到聚会上，大家都会问你，最近忙什么呢？问题的潜台词是，大家想知道你最近有没有做出什么成果，或是有没有做出一些牛的事情来，从而确定你值不值得继续交往。所以关于“最近忙什么？”最㞞的回答就是：没忙什么啊。因为答案的潜台词，就相当于你告诉对方：我是个废柴。

更值得我们思考的是，你听过“英雄不问出处”“不以成败论英雄”，都觉得很有道理，但这些道理到底有没有用呢？还是说，它们只是你用来安慰自己颓废、允许自己懒惰的借口而已呢？

我们来考察一下，这两句话在过去的用处是什么呢？“英雄不问出处”出自明代诗人杨基的一首诗“英雄各有见，何必问出处”，是杨基对自己出身一般，后来却身居朝廷要职的心声表述，意思就是怕人小瞧了他，别看我寒门，也出贵子了。

“不以成败论英雄”，更经典。在当时诸葛先生随刘备败北后，联盟东吴，孙权笑诸葛先生自从加入刘备后，刘备惨败。诸葛先生便说：“自古风云多变幻，不以成败论英雄。”意思就是：世事变化无常，不能因事业的成功或失败来判断某人是不是英雄。

被后人一直传颂的两句"道理"，问及出处，也难免发现说话人的"私心"和瑕不掩瑜的"自卑"：你别看我出身低，也别看我偶尔会失败，反正我就是英雄。

在你个人进化的路上，信念成本是最大的成本，简言之，就是你信错了东西。比如，你听到一句话，觉得有道理，就相信了，并按这句话来践行。但如果这句话是错的，你就会一直执行错误的策略，一直运用错误的决策标准，一直朝着错误的方向走，直到越走越远，积重难返。当你警觉过来，为时已晚。

所以，考虑到过往的经历和经验，道理改为"英雄先问出处""要以成绩论英雄"，是不是更能给你指导的方向呢？并且，在今天的社会，我们还需不需要英雄？或者更有价值的思考是，在各行各业同质化严重的大背景下，我们需要的还是不是过去人们眼中的英雄？比起大咖，我们更需要怪咖；与其最好，不如不同；不一定要最大，但要尽可能与众不同。只有做跟别人不一样的事，才会得到和别人不一样的成果。所以，如今更有时效性的道理是：与众不同，就是英雄。

"英雄不问出处"的道理，"不以成败论英雄"的道理其实早已过时，它们只是不经意流传了下来，但是它没有用，因为它没有时效性，它不符合我们这个时代的发展和需求。

所以，当你下次听到一个道理时，请马上反思它的时效性，想一想，这个道理放在现代，还管不管用？或者说，它放在以前，为什么会管用？为什么放在现在就不太管用了？

这样的例子比比皆是。比如说，老一辈常常会跟我们念叨一句话：钱是省出来的。

这句话放在以前，一定是对的，因为它具备了时效性。因为在那个动荡的年代里，一个萝卜一个坑，每个人的可能性并不多，所以每个人的机会是有限的。

机会有限，代表了一个人的能力只能在一个机会上发挥，也就代表了他能力的发挥是有限的。能力发挥有限，代表了他通过能力赚到的钱是有限的。所以由于时代背景，导致大部分人能赚到的钱都是有限的。因为能赚的钱有限，所以钱要省着花，钱是省出来的。因为能赚的有限，所以今天能省下来，就能存下来，能存下来就有钱；如果这钱不省着，就没有了。

但如今时代不一样了，比如说，每个人都可能在下班后，发展出他的另一种可能。而互联网又进一步拓展了我们能力的边界和赚钱的可能，只要你不嫌累不嫌烦，你到淘宝卖卖货，在朋友圈卖卖面膜，都是拓展收入的方式。我以前还有一位同事，甚至批发一些进口水果，卖给公司其他同事，最后也获得一份不错的额外收入。如今我们真的到了一个"只有你想不到，没有你做不到的"时代，今天创造收入的方式有很多，而不只是像以前的"省钱"。如果你没找到，可能你不够努力，可能你不够勤奋，或可能你动机不够强而已。

不稳定的时代，我们追求稳定。稳定的时代，我们追求可能性。

俭朴无疑是美德，但过于省吃俭用，只能带来限制。你无可否认，如果你今天还是用老一辈的思想，还是用以前的那个道理，作为自己的行动指标，这个道理最终会成为你的牢笼。

我有一个朋友小凡在北京，为了省钱，就跟别人合租，还租了一个特别远的地方。她工作3年了，月薪还是5000元左右。

有次聚会我问她：你租那么远，租金多少啊？

她说：1200元一个月。

我问：为啥租那么便宜呢？

她说：钱得省着花嘛！

听到这句话，我很警觉，我试图引导她：在北京合租，比较好的地段都得三四千，如果在这些交通方便、生活便利的地段，你整租一个人住的话，甚至要八九千。你租一个1200元的房子，你工作会有动力吗？

这时候她有点不好意思，开始反思。她说：难怪我工作一直不好，难怪我一直觉得每天都没有什么希望。

是的，钱是省着花了，钱也刚好够花，然后你的目光永远盯着剩下来的钱，想着口袋里有够花的钱，你哪有动力去赚钱？人都是这样，其实是想省点功夫，所以省点钱，关键是钱能省，但努力不能省啊！

用着过时的道理，意味着，时代在更新，时代在变，而你却一成不变，永远活在过去。

要是有一天你被超越了，你要记得，这不仅是必然，而且是自己一手造成的。

2. 第二个距离：道理的偏见性

听了道理，跟过好一生的另外一个距离是，对道理的偏见。简单来说，就是要么是信息出现了残缺，要么是解读出现了偏差。

现代心理学研究表明，人类大脑在对来自外部世界的信息进行加工时，有3种处理模式，分别是：删减、扭曲、一般化。

什么是删减呢？我们大脑每秒钟会接收到超过200万条的信息流，这些信息数据太过庞大，因此我们大脑会对某些信息进行自动屏蔽，这个过程就是删减。比如你去车站接朋友，出站人潮汹涌，所以你的注意力，会放在寻找这位朋友的形象上，以便快速对朋友进行锁定，这时候，你的大脑就会把与你朋友无关的信息删减掉。所以，在你身旁的小偷，正在划开你的口袋，你却全然不觉。

什么是扭曲呢？扭曲就是，对外界信息进行处理时，我们让这个信息，变得符合自己的观点和角度。举个例子，妻子等丈夫下班回家，丈夫一般晚上 6 点就会到家，但今天丈夫在没有提前知会妻子的情况下，到了 7 点还没有到家。这个妻子会怎么想呢？如果她是言情剧爱好者，她会想，老公是不是出轨了？但如果她是常看新闻的人，她可能会担心，老公是不是出交通意外了？妻子一肚子埋怨，正等着丈夫回来责怪一番，这时候家门打开，丈夫从背后拿出一条项链，老婆才突然醒觉，原来今天是他们的结婚 10 周年纪念日，丈夫跑到城市的另外一头，才买回了这份自己心仪已久的礼物。

再比如，妈妈见儿子考了 100 分，妈妈就觉得儿子从来没有那么可爱过，甚至认为自己的儿子是爱因斯坦再世。这就是对信息的扭曲。

那什么是一般化呢？大脑在处理数据的时候，还有一个极为重要的功能，就是一般化。还有一种译法，把它叫作归纳，叫法不同，实质一样。比如，一个女孩谈了 3 次恋爱，3 次都被男孩甩了。于是，她得出了一个结论：天下的男人，没有一个是好东西。这就是一般化，把具体的事件，放大至涵盖所有事情。俗称：以偏概全。

而随着文化的推移、历史的发展，也在 3 种信息处理模式的作用下，道理在传承的过程中，也失去了它们的本貌，要么被简化，要么被扭曲，要么被夸大，最后似是而非，我们自然对这些"道理"断章取义，产生偏见。

我们愿意去相信：我们看到的道理就是道理的全部，我们听到的道理就是真理。可事实并非如此，这只是一种幻觉。幻觉产生的原因，是我们懒，我们希望一劳永逸。

举几个例子。

你一定听过一句话：不想当将军的士兵不是好士兵。说这句话的人，正是伟大的将领拿破仑。当时为了激励他的军队，他发表了慷慨激昂的演讲。但你只听这句话，可能会陷入一种空想，每天想象着自己会成为将军。但这也成不了将军啊，不是你想当就能当的啊！

为什么你会陷入错觉和幻想？真相是，你只听了半句。

我想告诉你，拿破仑的原话是：不想当将军的士兵不是好士兵，但是当不好士兵的士兵，就一定当不成将军。现在信息完整，怎么解读呢？在我看来，至少有3层意思：①要想当将军——做人要志存高远；②先当好士兵——做人也要脚踏实地；③哪怕最后当不成将军，最起码也是个好士兵。

你读的时候，如果只读了半句，自然会出现偏差，因为你对这半句话的预设和理解都是错误的。关键是，你不去查一查，你怎么知道，你听到的100句道理当中，是不是有99句，都出现了这样的偏差呢？

就像爱迪生说过的：天才，就是99%的汗水，加上1%的灵感。你听完以后很兴奋，觉得发现了成功的方法，就是努力；结果你努力了很久，还是没有成功。原因一样，爱迪生的这句话，你也只听了半句。

他的原句是：天才，就是99%的汗水，加上1%的灵感，但最重要的，当然还是后面那1%的灵感。你有没有发现，这样的表达，理解就完全不一样了，它想要传递的信息和精神内核也完全不同了。

爱迪生的意思是，1%的灵感比起99%的努力更重要，意思是，灵感是努力的前提。你的努力需要建立在你的灵感之上，你的努力要放在你有天赋的事情上，如果没有这一分的灵感和天赋，就是瞎努力，这样再努力，也是枉然。

知道了断章取义的结果后，想一想，之前你听过的多少名人名言都可能是节选，你听过多少有道理的道理，都可能有偏差？

这不禁让我想到，那些把坚持快速阅读和跳读作为主要读书方法的人，他们主动放弃了信息的完整性和自己的思考力。他们正在用实际行动，来不断地培养自己"断章取义"和"以偏概全"的能力啊。

我在一开始说过，你对道理的偏见，要么来自信息的残缺，要么来自理解的偏差。你想想，你每天快速阅读，看起来很爽，但真相是，你每天看到的，是残缺的信息，再加上你头脑中有限的认知，你每天看到和理解的世界到底是怎样的？不敢想象。

比如，曾经有位同学读到"腹有诗书气自华"，就感悟到读书重要，对气质有帮助。但他不知道，前面还有一句"粗缯大布裹生涯"，所以他无法领略原句要传达的信息：生活中身上包着粗衣劣布，但胸中有学问，气质自然光彩夺人。如果你把里面的精髓作为成长的准则，自然可得到一条行动纲领：我不在意身上这套衣服多少钱，我只在意穿这身衣服的人（自己）值多少钱。

再比如，我也目睹过这样一个个案：一位男士相信"男儿有泪不轻弹"，结果活生生把自己逼成了抑郁症。原因还是，他不知道，原来的整句话是：男儿有泪不轻弹，只因未到伤心处。他原来的理解，肯定是"男儿有泪不能弹"，所以哭了他就不是男人，有泪就憋着，最后憋出病来。但你看看原句，想说的是什么？它想说的是：男人啊，只要是伤心，还是会落泪的。这才是符合常识和认知的，人非草木，想到那首歌唱得好：男人哭吧哭吧不是罪。

当然大部分道理的偏差性，除了流传时信息被简化以外，更多是我们对其充满偏见的理由。

有一次，我和一位朋友闲聊，他说他从小就有一个梦想，就是当摄影师。

我问他：你为这个梦想做过什么吗？

他说：还没有。

我问：为什么没有呢？

他说：还没准备好！

我说：什么才叫准备好了呢？

他支支吾吾说：反正，要么不做，要做就做到最好嘛！我觉得自己还不能做到最好，所以就干脆不做了。

我很讶异，心里想，如果从来都不开始做，又怎么能够做到最好呢？更荒谬的是，"要么不做，要么做到最好"，这句话本来的重点在"做到最好"。

这句话，本来是态度也是精神，它的本意是给你做事立下一个相对高的标准。

本来是一个让你行动的理由，而现在却变成了不行动的借口。

所以，你看，听过道理，离过好一生真是很远！

你鉴别了道理的时效性，最后却败在了道理的残缺上。你保证了道理的时效性、完整性，最后又败在了理解的偏差上。

3. 第三个距离：有效果比有道理，更重要

还记得在新东方教英语的时候，我就跟学生反复强调这句话：有效果，比有道理，更重要。

因为平常我们听到的很多话，仅仅是有道理，但实际操作起来，却完全没有效果。

直接举个例子吧。比如，我们在学校里学英语的时候，老师总是告诉我们：练习听力的最好时机，就是每天晚上入睡前。所以我们在睡觉之前，上床以后，就不要听什么音乐了，要抓紧抓住这个时机，听点英语，练练听力。我们应该听着英语来睡着。

这句话听起来，非常有道理，但有没有效果呢？

有位俄国的生理学家，叫作巴甫洛夫，他养过一条狗。他非常爱他

的狗，所以每一餐，都会喂他的狗吃肉。

狗每次见到肉的时候，就开始流口水。有一天，巴甫洛夫灵机一动，想做一个实验。

第二天，他来喂狗的时候，不仅带了肉，还带来一个铃铛，给狗喂肉的同时，他会摇响一下铃铛。第三天，他继续喂狗吃肉，然后同时摇响一下铃铛。第四天，他继续这么做。第五天，他如法炮制。

他一直坚持这么做，一个月以后，他再来喂狗，这次他没有带肉，只是站在狗的跟前，摇了一下铃铛，你猜狗怎么样了呢？条件反射，狗就开始流口水了。

这就是著名的"巴甫洛夫和狗"的实验，也叫"条件反射"实验。

所以，你思考一下，平常学校老师教你练听力的方法，你听了，觉得很有道理，于是回家开始执行。今天上床后，你决定不听音乐了，打开四级考试的听力，开始播放，听了15分钟以后，你睡着了。第二天晚上，上床后，你继续听听力，听了15分钟后，你睡着了。第三天晚上，上床后，依旧听听力，15分钟后，睡着了。你就这样苦苦坚持了半年，半年以后，到了四级考试的现场，"听力考试，现在开始"，听了15分钟后，你会怎么样？睡着了！这就是你的"条件反射"。

你看，听起来有道理，却不一定有效果。永远记住，有效果，远比有道理，更重要。

道理的最终目的，就是要产生效果，提高效率，仅仅是让你感动、触动、有共鸣，远远不够。

4. 第四个距离：起点和终点

道理有没有用，能不能让你过好这一生，归根结底，还是得看你有没有去行动、去使用。大多数情况下，不是道理没用，是你没用。

当你能判断道理有时效性，你对它的理解也基本没有偏见，继而发现了这个道理不仅仅有道理，而且有效果，剩下最后一步，就是使用了。

这时候，你可以把道理作为行动的指标，然后快速地行动起来。如果犯错，回头思考，及时调整。

所以，我们讲到第四个距离的时候，只有一句话，你需要谨记：道理是起点，而不是终点。因为所有的道理，只是一条信息或一个观点，它是一个起点，而不是一个终点，但很多人，把道理当成终点，所以他们决定听了就算了，听过了就完成了。

这跟我们平常学习差不多，比如你看一本书，听一个课，订阅了一个专栏，你是把它视为起点，还是视为终点，最终呈现的结果，必然不同。

如果看书是终点，你看过就算了，如果是起点，你还可能会写读书笔记，可能会思考，甚至会和朋友分享，其他同理。

如果你把学习和道理视作终点，最可怕的结果是，你永远吃不饱。你忘记了，让你饱的不是食物的量，而是食物中的营养。你永远吃不饱，所以你永远都在吃，最后变成了这么一种人：饱死而无用。

学习永远是这么一件事，快速吃五碗，不如慢慢吃一碗。快从来不是手段，更不是目的，消化才是。

请记住，阅读是进食，思考是咀嚼，行动是消化，"道理"亦然。

你看，表面上，我们整篇都在讨论"道理"和"过好一生"，其实通篇我都试图告诉你一件事，这件事比一万条道理都重要，那就是思考！

你思考过的道理，才能让你过好一生；反之，不值一提。

快节奏的时代，如何快速修炼自学的本事

你一定上过学，但不一定知道什么叫学习。

学是一个动词，习是另一个动词。学习两个字放在一起，是为了告诉你，学习这件事，要一个动作接一个动作，一步跟着一步向前走，不知疲倦，永不止步。

而不断学习的最大意义，就是成就自己，看见世界。只有你不断改变自己，才不会被这个世界改变。

节奏快的时代，更需要快速自学的本领。

但请注意，快速自学，不是盲目追求"快"，更不是拼命寻求"快"的方法，而是找到平常学习中我们容易忽略的部分，然后做到，学习的速度，自然就快起来了。

并且，不仅仅是学习，在你生活中，乃至人生中，皆是如此。记住一句话：不掉坑里，就已经很快了。

如果你想一路走得比别人快，你就要知道坑在哪儿，跨过这些坑，学习的速度自然能提升。

秘诀一　明确目标再学习

学习的时候，"学什么"重要，"怎么学"也重要，但最重要的是，为什么要学？

明确目标，再学习。请注意，这里讲的不是"明确学习目标"。两者最大的区别是：学习目标，是基于学习本身的；而明确目标再去学习，这个目标是在学习之外的。比如，今天我要背5个单词，或者说我要读10页书，这叫作学习目标，它是你今天的一个学习计划和量化指标，但它不是你通过学习而通往的目标。

先明确目标，简单来说，就是问自己：你为什么而学？你为了什么学？比如说，今天你的目标是：想学好英语。因为你想学英语，给自己的英语打下扎实的根基，所以你去背单词、练发音。前面是目标，后面是手段。

就像我在教读书方法的时候常提到的一句话：如果你不带着目标去读书，其实你这随便读读，就跟刷手机视频没啥区别了。

人生同理，如果你没有目标地去做选择，就相当于你没有做过选择。

认准了目标，才开始学习。千万别因为焦虑，就乱学一气。这事在一开始，特别像开车。你想，我们撇除车技、驾龄、车本身的性能不谈，客观上来讲，车什么情况下才开得最快呢？当然是有目的地的时候啊！

有了目的地，车才能全速前进。如果没有目的地，哪怕你有很好的车技和经验，全速前进了还是在乱开。况且，没有目的地时，能不能算是"在前进"呢？

看到这个地方，请你写下一个你最近的目标。注意啊，这个目标跟学习无关，你千万不要写你的学习内容。不要管有没有方法，不要管缺什么，就列一个你要达成的目标，比如人生目标、职业目标、财富目标，或者是人际关系上的目标，都可以。当确认这个是你想要的目标以后，再去想，要学什么，怎么去学。

而且，没目标的时候，都不算在学吧，顶多是玩一玩。

所以，我认为，有目标的时候就是全速，没有目标的时候就相当于一点速度都没有。一边是一，另一边是零，没有中间状态。都不是谁比谁快的问题了，现在是一个全速，一个没速度，两个极端。

你现在知道了，有目标再学比没目标就学要快。

秘诀二　学习客观知识再学习

你明确目标以后，接下来，学什么会比较快呢？答案是：客观知识。

自学所谓的客观知识，就是一门学科，或是一门专业里面最基础的知识。客观知识的另外一个层面的理解就是，标准答案。

所以我们通常判断一个人是不是很厉害，或者是否专业，就看他的两方面，一是他在该专业上的基础知识是否扎实，另一个是他在行业里的实践经验和成果。

举个例子，今天你去医院，你走进诊室，一个医生坐在那儿，三下五除二，就能判断你是感冒还是别的病，然后对症下药，你就药到病除。如果你遇上一个庸医，后果可能是，药到命除。

一名合格的医生能判断病情，开药，是因为他积累了足够的关于医学的基础知识和标准答案，一个症状对应一个病，一个病对应一个药。知道就能开药，不知道就开不了，这个结果呈现是直观的、立竿见影的，这个就叫客观知识。

你要是有同行的对手，你的取胜之道就有 3 个层面了。第一，你比他有天赋，这是咱们第二章的内容。第二，你客观知识比他强。第三，你主观经验比他多。要是今天你暂时落后，对照一下，就清楚输在哪儿了，而不是笼统地归因为"能力不够"，或是可笑地误以为"运气不好"。

所以，如果你对某个专业、某方面感兴趣，请你一开始的时候，就去打造这方面的客观知识。这个客观知识，能保证一件事：你在未来进阶的学习中，不会掉到坑里面去。

所以，请记住，客观知识是保证你不掉进坑里。因为你有了基础，有了标准，你就会知道别人说的是真是假，知道他说得对还是错，知道站在你面前这家伙有没有乱说，他有没有在忽悠你骗你，有没有在利用你的无知，是不是想让你交智商税，从而决定，你还要不要跟他学习？

你要警惕的是，在你不懂的时候，只要他听起来有道理，你就会觉得他是对的。

我觉得，在你闲暇的时候，多了解一些健康、财产和安全方面的客观知识是必要的。特别是女生，可以学习一下逃生技能和防身术。我们可以单纯地相信人，但不能相信世上只有单纯的人，有备无患。顺便一提，客观知识的最好来源是：大学教材、专业领域的通俗读物、科普节目，还有美国大学公开课。

总结一下，什么叫作快？我们现在是不是也重新定义了呢？快，就是不掉坑里。按照经验，你从零开始学一个东西，哪怕是跟一个老师学，你还是会掉到很多坑里。但如果你已经知道了坑有哪些，你就可以轻轻跳过。

不掉坑里，你是不是比那些老掉坑里的人，快很多呢？这也是我写这本书的最大目的啊，少走弯路，少遇坑货。这是第二种快。

最后你想一想，秘诀一和秘诀二加起来，你是不是已经比普通人快很多了？所以，我一直觉得，没有看到这本书的同学，真会在遗憾与悔恨当中度过他的余生，因为他根本不知道怎么去学习，更关键的是，他根本不知道他学习的目的是什么，哪怕知道了，他也不知道要学什么。

这相当于，他毫无目标地开快车，还一路掉坑里，后果很可能是最后遇上一个大坑，让他永远停止。

你一路向目标前进，他一路掉坑里，这不就是我们常说的，人与人之间的区别吗?

而且,他根本不知道,他现在的学习并不会马上给他带来回报,学习的回报永远在后头,它是一个长线的投资。

再想想今天你知道的,他都不知道。首先从认知层面上,你已经快了,然后你再把这些东西付诸实践,结果就更不能同日而语,效果也根本不能等量齐观了。

秘诀三 调节状态再学习

最后一个"快"的秘诀是学习状态。很好理解,你状态好的时候,学得快,理解快,吸收也快,反之则慢。这个学习状态,包含了内部状态和外部状态,两者需要相结合。

内部状态指的是,你今天体能精力是否充沛,你的心情如何?你要学会调节。你要知道,我讲同样的东西,你愁眉苦脸地来学,跟你欢天喜地地来学,就是两个效果。

而且,每个人的状态都有一个最黄金的时段,比如说我晚上 11 点到凌晨 1 点,学习效率是最高的,所以我一般都会选择这段时间来学习最重要的内容。你要通过尝试,找到自己的黄金时段。

外部状态指的是,外部的环境,你要学会选择。比如说,你坐在一个吵闹的咖啡厅里学习,跟你坐在一个山清水秀的自然环境里学习,效果很可能是不一样的。每个人都会有自己比较适应,或者说比较高效的环境,选择的原则只有一个:能促进学习效果。

状态虽然有外部也有内部,但归根结底,还是内部重要。不要总是强调外在的东西重要,当外在不可调节的时候,你得学会把调节的焦点放在内在,也就是你的体能跟心情。

一个更好的世界,需要从内部去寻找。当外部环境由不得我们选择的时候,我们要用强大的精神来战胜环境。环境能影响你的人生,但心境会决定你的人生。

从大学开始，我已经把自己锻炼到无论环境如何，都不会影响学习状态。这个功劳要给我那位爱唱歌的舍友，他每天接连不断高声嘶吼，给我在噪音里锻炼专注，提供了极佳的客观条件，直接导致我的创作状态至今依然受影响。比如，我在一个热闹一点的地方，我的创作灵感跟状态，反而都会比较好。因为听到噪音，我会条件反射式地自动调节到一个非常专注的状态，这种专注更有利于我创作。

所以我并不能在极度安静的地方发挥我极致的效率，如果我今天有一篇文章要写，我就一大早抱个电脑出门，到家楼下的星巴克，门关门开，人来人往，我就若无其事地坐在一旁敲字，这个时候特别专注，写得也特别快。

说到这里，你的自学、你的学习，是不是已经比别人快很多了？三个秘诀听起来，好像都跟学习方法无关，但实际上全都跟学习效果密切相关。

这三个秘诀，就是关于快速自学的客观知识。

不怕不学，就怕瞎学。

自学的最大秘诀就是：学习快慢的问题，在学习开始之前，就解决了。

明确目标，学习客观知识，调整状态，然后再学习。这就是赢在起跑线咯！

通过提问和思考，认识自己和世界

认识自己和认识世界的最好方式，就是：提问和思考。

我曾把一句话放在我无数个直播和讲座的开头，作为最重要的行动指标。此刻我也把它放在文章开头和你共勉：

从今天开始，把"提问"和"思考"视作人生最重要的技能。

提问是思考的法门，思考是提问的灵魂。

而"提问"和"思考"这两者，本身也会互相促进。

1. 提问带来思考，也带来惊喜

在我过去快速成长的 10 年中，有两个重要的习惯，第一个叫"入睡前复盘"，第二个叫"10 天小成绩"。而这两个习惯的主要实施手段，就是"提问"。

每晚入睡前，我会花半小时，复盘自己这一天，通常，我会问自己 5 个问题进行反思。

① 今天我过得快乐吗？（如果没有，原因是什么？）

②今天我学到了什么？（如果没有，原因是什么？）

③今天我要感恩什么？（如果没有，原因是什么？）

④今天我创造了什么？（如果没有，原因是什么？）

⑤今天我做错了什么，日后如何避免？（如果没有，那我做对了什么，以后如何发扬？）

以上的提问，一直陪伴着我，从18岁走到了28岁。除了让我晚上睡得更安稳，它们还会让我思考：我的感受、我的收获、我的奉献和我的错误。有了这些思考，我能不断调整和改进自己，也因此得到更好的动力。

同时，在成长上，我对自己极为严格，要求自己以"10天"作为一个进步的单位，让自己在10天内，要创造一个小成绩，或进行一次小突破。

一年365天，我就会有至少36个成绩和突破。所以每10天，我就会问自己：

①过去10天，我创造了什么样的成绩？

②这些成绩，是否与我短期目标相关？

③创造出这些成绩的关键是什么？

④在什么层面上，或在什么角度上，我能做得更好？

比如我最近10天的小成绩是，写出15篇文章和走20公里路。我就以这样的方式，不断向自己发问，不断思考，激起了大脑中的旋涡。这个旋涡，就像一艘快艇的螺旋桨，只要转动起来，船就会快速前进。

作为心理咨询师和催眠师，提问是我们最重要的武器。我认为，提问的最终目的是引导，引导的最终目的是思考，而思考的最终目的，就是为了发现更多的可能性。我见过很多的个案，他们想不开，他们想要自寻短见，无非是没能及时发现更多的可能性。

当你开始提问和思考，你就开始在认识世界，同时，你也开始在认识你自己。你可能在开始帮别人了，同时，你也开始在帮自己了。甚至有时候，好的提问，还能给你带来惊喜。

2017 年我到日本，拜访了日本著名的商业畅销书作家神田老师，同行的还有几位作家朋友。

神田老师日程很满，他邀请我们到他位于东京市中心的写作房，陪我们用了晚餐。席间，老师跟我们说：你们可以每人最后问我一个问题，然后咱们今天的聚会就差不多了。

有位女作家问：神田老师，你怎么看待爱情？

有位男作家问：神田老师，你怎么看待中日两国的关系？

没想到身为作家，这两人问的问题会如此空泛，又那么缺乏思考，神田老师显得有点失望，但还是耐心地一一做了回答。

到我问的时候，我整理了一下思绪，我说：神田老师，我们知道您在日本已经写过 70 多本书了，而且每本书都十分受欢迎，是名副其实的畅销书作家。我想问的是，有很多人都在写作，但有的人最终成为普通的作者，有的人却像您一样，成为畅销书作家，所以，您觉得一个普通作者和畅销书作家的最大差别是什么呢？或者说，成为畅销书作家的关键是什么呢？

神田老师显然被这个问题刺激到了，他有点高兴，坐直了身体，边比画边说：你这个问题提得非常好。我的答案是，第四本书。因为有很多人，写完 3 本书，就再也写不出来，最后就销声匿迹了。

我恍然大悟。临走的时候，神田老师走进书房，拿出一本书，递给我，只见书的封面有点发黄，感觉是本很久以前的书。

神田老师说：这就是我人生中的第四本书，也是唯一一本台湾版译本，现在我把这本书送给你，祝愿你在不久的将来，也成为一名畅销书作家。

我接过书，又惊又喜，泪流满面。手捧着这份珍贵的礼物，细细翻看，惊讶地发现，书的出版时间到现在，刚好 20 年。

最后老师在书上留下了一行字：Trust yourself. Trust the universe.（相信自己，相信宇宙。）

这就是思考和提问带给我的礼物。

从现在起，把"提问"贯穿到你个人进化的全过程中吧！

然后把"思考"变成习惯。

到最后，你会惊喜的。

2. 用 WHY 来进行深度思考，发现根本问题

我常被学生问道：老师，我该怎样，才能进行深度思考呢？

我的答案只有两个字：追问。

当然，追问除了有助于思考，还能帮你找到问题的根本。

一位企业家受邀参观火箭研究基地，火箭专家问他：你知道，为什么火箭的直径都是 3.35 米吗？

见多识广的企业家回答：因为火箭要用火车运输，而火车涵洞的宽度，决定了火箭的直径。

专家又问：那火车涵洞的高度，又由什么决定呢？

企业家想了想，说：铁轨的宽度？

专家继续问：那铁轨的宽度，又由什么决定呢？

企业家想了一会儿，摸了摸头，说：这个还真不知道。

专家接着说：铁轨的宽度，沿袭了电车轨道的宽度；而电车轨道的宽度，沿袭了马车车轨的间距；马车车轨的间距，接近两匹马屁股的宽度。也就是说，火箭的直径，是由马屁股的宽度而决定的。

深度思考，意味着，至少多想一层，至少多想一步，或者，至少多想一个角度。勇于追问，能在原有的问题上，想深几层，多走几步，丰富角度，最终找到问题的根本。

有时候，追问很简单，就是"多问几个为什么"。

你知道，"为什么"是提问的一种方式，但你可能不知道"多问几个为什么"的威力。

我曾在4A广告公司上班，专门负责写文案，对接的客户都非常挑剔，要求非常高。那时候，我就学到了一个找到问题根本原因的技巧，简单说，就是"连续问5个WHY"。

"5个WHY"的方法，是日本发明家丰田佐吉最早提出的，他的儿子丰田喜一郎，创办了世人所熟知的TOYOTA（丰田汽车）公司。这个方法，也是TOYOTA变成世界级汽车大厂的关键之一。

有一次，TOYOTA的副社长大野耐一到生产线上视察，发现机器停转了。

于是他问工人：为什么机器停了？

工人回答：因为机器超载，保险丝烧断了。

他接着问了第二个问题：为什么机器会超载？

工人说：因为轴承的润滑油不够。

第三个问题：为什么润滑油不够？

工人回答：因为润滑泵失灵了。

第四个问题：为什么润滑泵会失灵？

回答：因为它的轮轴磨损了。

第五个问题：为什么轮轴会磨损？

回答：因为杂质跑到里面去了。

通过连续问出5个WHY，可以节省时间，直接找出问题的核心。而不是急着解决表面的问题，反而让本来的问题，衍生出更多的问题。

我来举个身边的例子。之前有个学生找我咨询，他说想提升自己的能力，却又找不到提升的动力。

于是我问他：为什么想要提升自己的能力？

他说：因为想要在工作上有更好的成绩。

我继续问：那为什么想要在工作上有更好的成绩？

他说：因为想要增加收入。

我问：那为什么想要增加收入？

他回答：因为有更多机会去做想做的事情，买想买的东西。

我接着问：那为什么想要去做想做的事，买想买的东西？

他说：因为可以提升生活品质。

我问：那为什么想要更好的生活品质？

他说：因为可以给自己或家人带来幸福和快乐。

通过连续问 why，就能发现问题的根本原因。而这个原因越是深入，越是直达内心，就越能激发出你想要做那件事情的动力，你就越有渴望达成那个目标，自然而然，目标也更容易达成。

所以，如果你在工作上遇到有待解决的问题，在生活的方方面面遇上困难，不妨多问几个为什么。找出问题背后的问题，帮助你的大脑去寻找根本原因，洞悉别人没有发现的问题。

习惯之后，你也就培养出独立思考和深度思考的能力了。

3. 从极限了解需求，从需求了解自己

想了解一个人，就要了解他的需求。通过了解他的需求，你也就了解了他。认识自己，也是同样的道理。

有次和朋友王姐喝下午茶，她叹了口气：唉，现在找一个理想的对象，真不容易啊，其实我的要求也不高。

我很好奇，问她：你理想的对象，有什么要求呢？

她说：一定要善良。

看到她的表情，我知道她没动脑，就给出了第一反应的答案。我接着问了一个问题，她的大脑就慢慢开动了。

我问：你指的善良，是什么意思？

她脸上闪过一丝慌张，仿佛在说：善良就是善良啊，还能有什么意思？

最后她艰难地讲出了她的要求：没有不良嗜好。

我继续问，她指的不良嗜好是哪些，她回应说：不抽烟，不喝酒，不讲脏话。

我应酬式地说：哦！原来如此！

原来她这么辛苦才"想"出来的条件，范围还是这么大。

我再问她：除这些外，你还有什么要求呢？

她已经开始习惯用脑了，说：只要他有一份正当职业，懂得疼我就够了。

我故意挑战她的极限，问：这样的男人太多了！不过，如果他是在工地里搬砖，除了回家时满身臭汗，没有烟味也没有酒气，也没有粗鲁地讲脏话，他很爱你，很会疼你，你觉得这样可以不？

她急了，说：搬砖的工人当然不可以！

我说：你自己说的啊！搬砖也是正当职业啊！

讨论下去，她才慢慢说出来，她理想的对象，月收入要 2 万以上。

为了试探她另一个极限，我再问：如果他很斯文，薪酬也符合你的要求，但他长得像史瑞克，你能接受吗？

她气不打一处来：你！你！你！……不！不！不！

我不断追问，她才陆续说出了内心真正的需求。

这位女性朋友，现在能说出自己的男友一定要文质彬彬，有高尚的职业，谈吐斯文，不烟不酒不赌不毒不嫖，孝顺父母，照顾兄妹，爱她疼她。

之前她得不到自己想要的伴侣，是因为，她根本不知道自己想要的是什么。原因是，她从未探知自己的极限。这里的极限，就是知道自己不要什么。当你知道自己不要什么的时候，也就知道自己想要什么了。

通过提问了解极限，通过极限了解需求，再通过需求了解你自己。而更重要的是，这个过程，就是思考。

提问帮你更好地了解自己，思考帮你更好地认识世界。不断提问，不断追问，多问几个为什么，从今天开始，就践行起来吧。

你很快会发现，你思考的素质会快速提高，而你的人生也会因此和别人不一样。

利用"无知",升级认知

学习用什么方法,要哪种策略,取决于你处在什么阶段。

过去的 10 年,我都走在了个人成长的高速公路上。让我对学习这件事完全开窍的,是下面这一幅图。

无意识的无能

有意识的无能

有意识的有能

无意识的有能

(养成不抱怨能力的四个阶段)

第一次遇见它,是在 2009 年,这本书我至今难忘,叫作《不抱怨的世界》。作者在书中,用了这张图,来解释一个人从抱怨到不抱怨,到底要经历什么阶段。

同样,人在学习成长时,对一个理论乃至一个学科,从零到知道,从知道到做到。认知要升级,以下的 4 个阶段,是必经之路:

Step 1　无意识的无能

Step 2　有意识的无能

Step 3　有意识的有能

Step 4　无意识的有能

我把这几个阶段用大白话"翻译"一下：

1. 无意识的无能 —— 不知道自己不知道（或是自以为知道）

2. 有意识的无能 —— 知道自己不知道了，但还是做不到

3. 有意识的有能 —— 能做到了，但是要刻意和专注才能做到，不然打回原形

4. 无意识的有能 —— 变成真正的能力，自然就能发挥，手中无剑，心中有剑

对学习效果最大的影响，除了我们之前提到的 3 个秘诀、对事物本质的把握、对事情的投入度以外，就是这 4 个阶段。

今天和你说认知升级的 4 个阶段，目的不是告诉你有这么一个东西，而是要告诉你"学习的方法"，是由"学习的阶段"决定的。

你要做什么，取决于你在哪儿。

把最重要的观点放在前面说：学习的最终目的，一定是达到阶段 4，无意识的有能，自如地发挥。

举个例子，比如说你学开车，不可能学到阶段 3 就让你上路了——拐弯的时候，你还要去想，先打灯还是先打方向盘？如果每做一个动作，都得想一下才能做出来，那多危险啊！这时候，"上路"恐怕上的就不是马路了。

再比如，飞行员开飞机的时候，他最后肯定要达到一种无意识有能的状态，虽然大部分时间都是自动导航控制飞行，但是降落还是得手动啊，如果飞行员不是把流程自动化了，本能反应操作的话，恐怕大家都脸着

地了。

我用一个更简单的例子，让你明白，一次完整的学习，是如何经历这 4 个阶段的。好比你现在要去学习一个新科目（项目），学完最后要参加一个考试。

这样的一个过程，是怎么经历 4 个阶段呢?

第一阶段　无意识的无能。你去做一道题，既做不对，也不知道自己哪里错，更不知道自己解对这道题需要掌握什么能力，这时处于无意识，也无能的状态。你处于学习的最初始阶段。

第二阶段　有意识的无能。老师给你解释了一下，或是身旁的学霸给你讲了一下，你知道哪里错了，但去做了另一道类似的题，还是做不对。现在是知错不能改，有意识的无能。

第三阶段　有意识的有能。你开始学习了一些技巧和一些解题的方法，还经过一些练习。最后慢慢地能做对了，但这个时候方法还不熟练，做题还有点吃力，不过总算最后能做对了。

第四阶段　无意识的有能。此时无招胜有招，你没有刻意想方法，题目自然就做出来了。你做对了，但是你不知道是怎么做对的。以后遇上类似的题目，你也能轻松做对，仿佛这是你的本能。

知道了认知升级需要 4 个阶段，最大的好处是，你知道学习这件事，不用急，也急不来。它需要循序渐进，有的放矢，你对学习有了正确的认知，自然就能放下那些无用的焦虑。

我一开始运用这 4 个阶段来自学，后来又用同样的方式，来辅导我的学生，我发现 4 阶段的精华之处在于：每个阶段，都有一个核心的方法。

所以，你要关注的不仅是自己现在处于哪个阶段，还要关注：从这个阶段，跨越到下一阶段，最快的策略和方法是什么?

我用学习英语发音"th"来举例，由于普通话里没有咬舌尖的音，所以 90% 的中国同学都发不好这个音。

第一阶段　无意识的无能。你不知道这个音怎么发，发来发去也发不对，还不知道自己错在哪儿。

直到有一个人跳出来，告诉你，你不对，正确的发音不是这样。他接着告诉你，这个发音是什么，它听起来是怎么样的。

这个时候，最好的学习策略是，一对一；最快的方法是，专人指路。专人的角色类似于健身房的私人教练，作用是一对一及时纠正。

第二阶段　有意识的无能。有了及时的纠正后，你变得有意识了，你知道自己错了，你也掌握发这个音的所有技巧了，但你还是发不出来。告诉你了，但还做不到。

这也是学习最容易放弃和终止的阶段。那离做到还差什么呢？自己一个人学习和练习比较枯燥，且得不到反馈，容易半途而废，所以这时，你还需要融入一个环境。在环境里，看大家都在做，一方面大家在带动你，另一方面大家可以互相帮助，及时获得反馈。

老师在课堂上，做了示范，循循诱导，告诉你舌头该放什么位置，发音的感觉是怎么样的，气是从鼻子出来还是从嘴巴里面出来。这个时候按照老师说的，和同班同学一起练习，你按图索骥，边练边思考每一个发音的动作，最后也能发出相似的音了。

这时候最好的策略是，去报一个班，上一堂课。有一群学习的伙伴，一起来搞定这个东西。这时候，最快的方法是：结伴前行。

第三阶段　有意识的有能。通过两个阶段，你已经知道了正确的发音，也知道发音的所有方法技巧了。每次注意一下嘴形、舌头的动作，你就能发出这个音，虽然不那么自然，虽然有点生硬，但还是发出来了。

要到下一阶段，现在就不太需要什么老师同学了，唯一需要的是，大量的重复，大量的练习，直至习惯成自然，练成本能。

这是决定你是普通学习者还是学习高手的阶段，普通人能做到，高手能做好！所以，最好的策略是，相信和坚持；最快的方法：自我加练。这时候，用上我们前面提到的提高投入度的方法吧！

第四阶段　无意识的有能。自己埋头苦干，一周练了几千遍，这个音发得和美国人一样自如了。不用想动作，不用想舌头怎么咬，正常说话就能自然发出。最终，你学会了"th"的发音。

最后回顾一下，这些最快的跨越方式：

从第一阶段到第二阶段，专人指路；

从第二阶段到第三阶段，结伴同行；

从第三阶段到第四阶段，自我加练。

所以你对照一下，正在进行学习或成长的你，处于哪一个阶段，你就知道该选用哪种方法，让你的成效最大了。说白了，3种跨越的方式分别为：咨询、报班/加入社群、自己练。需要强调的是，阶段之间只可以一步一个脚印，只能跨越，不能跳跃。

这跟小学老师教的"课前预习、课中学习、课后复习"在本质上，有异曲同工之妙啊。

所以，现在你也知道了，在义务教育阶段，我们老师最爱的一种学习策略，叫作"题海战术"。

但题海战术为什么大多数情况下不管用呢？

我们已经知道了认知升级的4个阶段，但它不仅仅是阶段，同时也是一个客观的衡量标准。这下，我们就可以做判断了。

平常我们只会傻傻地讨论，这个题海战术好还是不好，但是我们根本都没有定一个标准。现在你轻易就能理解：题海战术，本质上就是自我重复，若要发挥最佳效果，得建立在第三阶段"有意识的有能"这个基础上。大量的练习，反复做真题，会把你推上第四个阶段。但如果你是在"无意识的无能"或"有意识的无能"阶段，题海战术基本无效。

举个例子，在你不知道的时候，也就是你对事物没有基本认知的时候，无论怎么练习、练习多少遍都不会有效果！比如，我让你现在回去练习听力，每天听 2 小时的俄语，然后你连续听 3 个月，你听话照做，也非常刻苦，但你会弄懂这个俄语音频说的是什么意思吗？肯定不懂啊！因为你本来就不懂俄语，你不会因为听得多，就突然懂了。

所以我很怕一些同学，每天反复大量地读英语，为什么？因为如果他的发音是错的，每一天他做的事情，本质上其实都是在重复错误、巩固错误啊。在这种情况下，大量练习、题海战术毫无意义。它是一种无效重复，它每天都在努力与正确的方向背道而驰。

认知升级的 4 个阶段，给我们的启示是：任何的方法都有前提，这个前提可能是你的阶段，或是你的目标。而任何一种学习，到了最后，其实都是自学。

记得之前有同学抱怨：老师，你教了我背单词的方法，为什么单词我还是背不下来啊？我心想，那肯定的啊，大哥，我能教你背单词，但不能替你背单词啊。

你可以借助别人的力量，但不能只依赖别人的帮助。

请记住，学习，永远是一件以自我为中心的事，你要对自己负起责任，你要切实地为了自己，多长点见识和知识，再把见识和知识用起来，变成真正的力量。

任何人都需要认清自己，踏实前行，平静努力。最后再把所有的努力，变为实力。

如果你不为自己的认知升级买单，就会为自己的错误买单。你说呢？

深度自学 3 遍法

一开始，我想问你：你多久没有读完一本书了？

也许你会想，读完一本书，有什么难的？这是我日常就会做的事啊。

但是怎样才算读完呢？从头到尾过一遍吗？

你或许没有明白，你做一件事情，能不能产出成果、产生效果，不在于你有没有做这件事，也不在于你有没有做完这件事，而在于你做这件事的投入度。

投入度越高，效果越好。

最好的举例，就是爱情。你看在爱情中，没有付出的那个人，通常就不太珍惜；而在失恋时，受伤更多一点的，也总是投入更多的那一方。这也是异地恋通常不太容易成功的原因，不是两人相爱得不够，而是两人的投入度不太够。

试想一下，两个人在同一个城市、同一个学校，甚至同一个班级，见面相对容易。而见面的好处是，见面的时候，情侣之间，可以亲亲，可以抱抱，可以举高高。这个时候，有心灵接触、眼神接触、肢体接触，投入度可谓非常高。但异地，除了不容易见面，还几乎没有肢体上的碰触，唯一的交流可能是微信上的文字，还有偶尔的语音。但甜言蜜语、千言万语，都比不上一次牵手或拥抱来得真实。

曾听说过一个让人"悲喜交加"的故事。

故事很简单，简单到只有 3 句话：一个男生和一个女生异地恋。3 年里面，男生给女生写了 700 封信。最后，女生嫁给了邮差。

男生虽然也很投入、很认真，也很努力，但在感情这件事上，投入度显然不如每天能见面的邮差。

更简单的例子是：你像翻杂志一样翻阅一本书，和逐字细读一本书，就是两种投入度，读完以后，也是两种效果。所以，比开篇问题更有价值的问题是：你多久没有仔细读完一本书了？

所以，比起我们平常娱乐性地阅读或看电影，今天要给大家讲的目的是，为了让大家设立一个高标准，提高投入度：建设性地阅读 / 看电影。

每个人的自我建设方式不同，我相信慢就是快，少就是多。今天我把我自己实践 10 年并不断优化的方法毫无保留地教给你。你可以用这个方法来精读一本书或细看一部电影，让自己在学习某个素材上的效果最大化。

我管这个方法叫作：深度自学 3 遍法。

3 遍法，顾名思义，就是进行至少 3 遍，比如：一本书，读 3 遍；一部电影，看 3 遍。

但值得注意的是，这 3 遍，并不是单纯的机械重复，这 3 遍的学习目的与细节处理的方式和程度完全不一样。

我们以看一本小说为例，具体操作如下：

1. 第一遍，娱乐性地看内容

这一遍的主要学习目的是观赏和兴趣。

你可以用一个观众的角度，去欣赏故事跌宕起伏的情节，感受人物之间的对话，展开想象，脑补画面，得到精神上的快感。

其实这就是我们每一个人最平常的看书方式：看完一遍，放到一边。

走马观花一路下来，留下的基本只有情绪和感受，没能真正学到什么，更别提把学到的用起来了。

当然你也可以翻一下书，然后安慰自己"今天已经学习过了"，最后周而复始地陷入这种自我麻痹的死循环中。或者最起码，尝试一次，开始进行下一步！

2. 第二遍，把握作品传递的观点
（有什么样的呐喊和呼唤）

如何把握呢？最简捷的方式是：提问。

在第二次读小说的时候，我会问自己以下几个问题，带着问题和思考来阅读。

- 作者提到的哪些观点（哪些方面）是我已经知道的？
- 作者提到的哪些观点（哪些方面）是我不知道的？
- 作者哪些观点我特别认同？关于这些观点我有过什么经验？
- 作者哪些观点我不太认同？为什么？
- 作者提到的观点，对我有什么启发？
- 作者是怎么引出这些观点的呢？

● 对于作者阐述的主题，我还有什么补充?

对于这些问题，我会边看边思考，边写在书的空白处，空白处不够，就补上一到两张便笺。

简言之，第一遍读文章看到的是内容，第二遍读的时候你要特别留意观点。因为，你对观点的认知能力，直接决定了你阅读的层次。

有一次，我在上海看了一部话剧，孟京辉的代表作《我爱 ×××》。

结束后从过道随人群一同离场，听到大家对作品的各种评论。

有人说：我觉得，整部剧下来，是要表达 3 个观点……

有人说：我觉得，我印象最深刻的一句台词是……

还有一个人说：我觉得，舞台右边起第二个男演员很帅。

你看，高下立见，不是吗?

我一直对阅读的主张是：比内容更重要的，是观点。

因为好内容总是不缺，缺的是好观点。其实看戏也是，听课亦然。

提问即觉察，请带着以上的问题去阅读，带着观察和思考来生活吧!

3. 第三遍，打开戏精模式，转换角度

我们把能够了解对方立场和需求、能站在他人角度思考的人，称为有同理心的人。

我开始在想，这种同理心，能否也用在欣赏作品上呢? 答案是肯定的!

在绝大多数情况下，我们阅读的时候，采用的是读者视角。在前两遍阅读时，我们也是以读者的角度去观赏和领悟。第三遍，我们就转换一个角度，看看有什么新发现，那就是创作者视角。

你可以打开你的戏精模式，开始转换视角，不要再扮演读者了，这时候，去扮演一位作者。

而打开戏精模式的最佳方法，就是假设。

通过假设，你会得到一个全新的角度，而这个角度，将会带你走进一个全新的世界。用作者的角度去看作者，我们从这一点出发，继续提问：

- 假如我是作者，我为什么要这样写呢？
- 假如我是作者，我为什么这样谋篇布局呢？
- 假如我是作者，我为什么会有这样的观察呢？
- 假如我是作者，我为什么会用这个词进行表达，而不是另一个？

如果你学会以这样的角度去观察、思考，你会发现，你的思维会和原作者的思维慢慢重合，你慢慢就会真正拥有对作品的同理心，也必然会对作品有更深一层的理解。

为什么要换角度呢？因为哪怕是同一个魔术，在观众看来，和在魔术师看来，是完全不同的。

观众更专注于扑朔迷离，而魔术师会更专注于如何创造出惊喜。所以，现在无论看小说，还是看电影，随着情节的推进，我常会想：通常情节到这里会有一个大反转，如果我是编剧或作者，我会把这个转折安排在哪里呢？几次尝试以后，我开始能猜中一些剧情，也给看电影看书带来了全新的体验。

你习惯的角度会让你产生惰性，光是换一个角度，就能让你成长了。换角度能让你看到一个东西的不同侧面。

看到不同，这不就是最好的学习吗？

4. 更进一步的两个方法

这就是我每天都在使用的深度自学 3 遍法。当然，如果你对自己有更高的要求，还可以更进一步。

更进一步的第一种方法，是举一反三。你要善于把深度自学 3 遍法迁移到其他内容的学习上。

为了让你更好地"举一反三"，我先总结一下 3 遍法的本质：

第一遍，看内容。

第二遍，看观点（重点）。

第三遍，换角度（角色）。

比如，看美剧学英语，怎样用 3 遍法呢？第一遍，看内容，就像平常看剧一样看美剧。第二遍，看观点或重点，边看边摘录重点的英文词句。第三遍，换角度或角色，边看边暂停，把自己从观众切换为演员，把台词模仿着说出来。

又比如，学习一个网络课程，怎样运用呢？第一遍，看内容，就像平日在课堂里听课，把课程从头到尾听一遍，听听老师说的是什么？第二遍，看观点或重点，把老师所说的重要观点、内容重点，还有重点的原则和标准等摘抄成笔记。第三遍，换角色，把自己从学生变成老师，找一个小伙伴，把你听到的内容和重点，给他教一遍。最好的学习方法就是教。

深度自学 3 遍法在任何领域的学习上，或在成长上，都普遍适用。但更重要的是，不拘泥于形式，领会精神，突破"3 遍"本身的舒适区，才能不断把自己向前推进。

所以，更进一步的第二个方法，是继续增加遍数。

增加重复的次数，永远是提高投入度的最简捷方式。

记得之前在新东方讲课，一个学生加了我微信。有一天，一大早，他就问我：老师，masculine（男性化的）这个词怎么记？

那天白天我要上 10 小时的课，没看手机，所以没有及时回他。没想到这个学生是个急性子，他就把这个问题，连续给我发了 30 多遍。我晚上回到家，拿出手机，准备回复他，这时候，收到他的最新微信，他说：老师，不用回答了，我已经记住了！

所以，下次你说你没记住，你说你没学会，别急，你可能只是重复的次数不够而已。

当然，当你看一本书的时候，重复还不仅仅意味着单调重复。随着遍数增加，要增进的，还有学习目的。关键是：争取每一遍，都能学到不同的东西。

那年我第一次读了尚龙的新作《刺》，最后把这部作品读了 5 遍。每一遍看的关注点不一样，收获也大不相同。

第一遍，我犹如在观看惊心动魄的电影。

第二遍，我冷静下来，开始注意到精彩的人物塑造，每个人物都带戏出场，且个性鲜明，也因为各自的性格，做出了人性的选择，决定了各自最后的命运。

第三遍，我得到的是故事带来的思考和启发。

第四遍，我转换角度，注意到别出心裁的谋篇布局，明线暗线，矛盾冲突。

第五遍，我继续看修辞，看到的是游刃有余的笔力、到位的类比、生动的比喻、节奏感明快的措辞，把暴力的气质表现得淋漓尽致。

最后，我还把看到的这些，写成了一篇 5000 多字的读书笔记，与我的粉丝分享。其实这已经是第六遍了。

投入度，归根结底，是一个你愿不愿意做的问题。

就像我会把3遍变成6遍，最大化自己的学习效果。持续提高投入度，让你的深度自学能力，成为你无可替代的竞争力。

记我一句口诀：把你原来学习的终点，变为学习的起点。

认知是起跑线，执行是过程，只有认知正确，马上执行，才能获得最终胜利。

现在就来实践一下深度自学3遍法吧！第一次尝试，干脆就从我的这本书开始！

PART

4

超级践行，
用行动打破圈层

每天用最重要的 2 小时保持前进

现在很流行的一个理论，下班后的生活，决定了你的一生。

理论的大致描述是：你每天上班 8 小时，睡觉 8 小时，所以每天会剩下 8 小时。只要利用好这每天"空闲的 8 小时"，你就会有一个不一样的人生。

听上去确实有点道理，然而，这只是一个理想化的状态。

每天剩下的 8 小时，最起码，你要吃喝拉撒、要联络朋友、要陪伴家人，还要处理生活中的各种事情。所以，现实是，每天并不会有剩下的 8 小时。

关键是，每个人一天的精力、意志力和注意力都有限，对大多数人而言，上班的时间，已经耗掉了其中的大部分。哪怕真有 8 小时，多数人还是没有办法在这段时间里保持专注和效率，创造出另外一种可能。

所以，请记住，决定你人生的，根本不是下班后的 8 小时，也没有 8 小时那么多。

通过实践和观察，我的结论是：只要每天能保证高度专注 2 小时，就能实现不一样的人生。

为什么是 2 小时，而不是 8 小时？

除了上面的分析外，8 小时的坏处至少有两个，一是没有紧迫感，你觉得自己有 8 小时，很宽裕，就容易游手好闲，直到把事情拖到最后一刻，才去完成；二是任务难度过大，你觉得 8 小时太长了，就容易胡思乱想，产生畏难情绪，最终半途而废。

与其拥有松散的 8 小时，不如利用专注的 2 小时。

当然，这 2 小时可以安排在下班后，也可以安排在上班前，甚至你觉得更适合自己的话，可以安排在中午。但是，无论你安排在什么时段，请注意 3 个重点：一、必须是完整的 2 小时；二、这 2 小时，可以独处，不被打扰；三、在这 2 小时里，你可以调整自己的状态，把你最大的力气、最高的专注全部释放出来。简而言之，这是一天里面，你可以完全自主、高度把控的 2 小时。

我曾向我的一位学员提出过这样的建议。

他马上抱怨：老师，可是下班后回到家会很累啊！

我不以为然，说：所以呢？

他说：所以我只想放松，只想看电视。

我试图启发他，于是问：如果不看电视，你会做什么呢？

他眼睛突然发出光芒：那当然是约朋友打游戏啊！

我相信这是大部分人的想法和疑虑。及时行乐没有错，但请记住我说的：只要你愿意，你总能为自己做出更明智的选择。

2 小时，你可以选择看一部电影，可以躺在床上看视频，甚至可以在窗台上发呆；但同时，你也可以选择看一本书、写一篇文章、到健身房跑步，做一些真正能建设自身的事情。

弱者只看眼前，而生活中的真正强者，总是利用眼前，来成就远方；他们总是选择现在多一点痛苦，来换取将来多一点快乐；他们选择牺牲掉现在的一些舒适感，来换取将来多一点的成就感。因为他们明白，现在是谁不重要，重要的是要成为谁。

很多时候，你不会选择，只是因为你没有看到选项。你没有发展多一种可能性，只是因为你没看到下一个可能。因为，你根本无法知道自己不知道的，直到有一个人告诉你，这没问题，你可以。

所以，可能你不知道，2 小时意味着什么？每天高度专注的 2 小时，可以创造出什么可能性？确实，乍看之下，一天的 2 小时微不足道，可别忘了世界上最平凡却最有用的真理：聚沙成塔，水滴石穿。

我来帮你算一笔账，2 小时，坚持一年，365 天，就是 730 小时。所以现在你要知道的是，730 小时可以完成什么呢？

举个例子，一本 300 页左右的书，慢慢看完，大概是 10 小时。730 小时，你可以看完 73 本这样的书。试想一下，一年多看 70 本书，你的思维、你的格局、你的心态、你的认知还会跟以前一样吗？你常常问，怎么去超越身边的人？怎么突破圈层？如何逆袭？这就是方法。你想想，你的同事、同学或是同龄人，上次看完 70 本书是什么时候呢？

如果你不清楚他们，想想你自己就可以了，因为在接触到我这本书前，你可能跟他们是一样的。可能是这辈子，到目前为止，都还没有看完过 70 本书！那不问那么多，你上次看完 10 本书是什么时候呢？我听过最多的答案是，几年前吧。所以你就想，如果你每天能专注 2 小时，一年多看 70 本书，光从知识面看，能不能超越他们呢？不仅是肯定，而且是必然的！更不用说你因为看书，而得到的灵感和启发、收获的观点和原则、习得的方法和能力了。

再举个例子，假如你把这 730 小时用来写点东西呢？一个未经训练的普通人打字，一般 1 小时可以输入 1200 字，我们就算 1000 字好了。730 小时，就是 73 万字。如果你能保证高度专注，保证这 2 小时都在进行，高质量的文字产出，按照现在国内 10 万字左右的书的字数，一年下来，你竟然可以写出 7 本书啊。别说 7 本了，要是一年你能写出 1 本书，然后出版，你超越身边的人了吗？当然了，你还因此多了一种可能，多了一个身份，叫作作者；你努力耕耘，假以时日，还可能成为作家。至少，你找到了一个新职业的可能。

最后举个例子，要是你用 730 小时来学语言呢？结果可能会超乎你的想象。这是我的老本行，和你分享一个最重要的数字：200 小时。语言学家做过实验统计，一个人要把一门语言从零学到能在生活中基本交流，大概需要 200 小时。什么意思？说简单点，你英语零基础，在口语的层面上，学到能和美国人进行生活的对话，只需要 200 小时。所以，730 小时，我们再额外用点功，满打满算 800 小时，一年的时间，我就能把 4 门语言从零学到和当地人基本交流。

你能想象这是多么性感的一件事情吗？我用这样的方法，在过去的10 年，学会了中日英 3 国语言外的 7 国语言。那时候我还会给自己动力，只要把一个国家的语言从零学到了能交流，我就奖励自己去那个国家旅游。因为语言除了是交流的工具，还是文化的承载。无论是学习的层面，还是生活的层面，我都把它最大化了。

如果你能举一反三，去运用上面的可能性，就能为你的人生打开一个全新的局面。你需要的，也只是用好一年里面的每天 2 小时而已。

也许在一年里面，你不需要读 70 本书那么多，你也不需要写 70 万字那么多，更不需要学 4 门语言那么多。你可以合理分配一下这 730 小时，每年就可以学一门语言，多读 30 本书，同时写出一本书来。

一年以后，你的朋友察觉到你的变化，你的同事对你刮目相看，觉得你真是个怪物，怎么能做那么多的事呢？而你心里很清楚，你只不过是利用好了每天最重要的 2 小时罢了。然后他们向你讨教：你是怎么做到的？你就冷冷地跟他们讲：天赋嘛。

因为如果你说 2 小时，他们不会相信；相信了，他们也不会做到。大多数人都是这样的，听完就算了。你不要成为这样的人。

如果你说，阅读、写作、学语言都不是你想要做的，没关系啊！这只是举例而已，你懂我意思、能领会里面精神和精髓就好。这时候，你只需要设立好你的目标，然后每天用 2 小时，专注地向目标迈进一点点。

关键是，别再找借口了！每天你就真的安排不出 2 小时吗？这个世界上，没有不会做，只有不想做。你不是累，而是懒。

请记住：

最重要的事情只有一件，就是每天保持前进。

最重要的时间只有一段，就是每天专注的 2 小时。

拖延，是因为没找对行动的开关

拖延症，是人类的通病。

曾有一个学生，一次课后来问我：帅老师，我有拖延症，怎么办？

于是我送给了他一本书，叫作《战胜拖延症》。

结果到了 5 年后的今天，这本书他还没有看。

拖延症的原因，要不就是人高估了自己的能力，要不就是低估了任务的难度。

但关键是，你一边愧悔该做的事情迟迟未做，一边又无意识地继续拖延新的任务，陷入一个新的拖延循环当中，然后在遗憾和悔恨当中度过余生。

你有没有想过一种可能让你更快行动起来的办法呢？

试想一下，如果我们不把注意力放在问题本身，而把注意力放在问题的解决方案上，结果会不会有所不同？也就是说，我们不探究拖延症的成因，也不管在个体层面上你为什么拖延，我们只聚焦一个点：让你马上启动的办法。

答案瞬间变得简单，方法就是：找到你的行动开关。

1. 开关 1：充分足够的理由

记得刚当英语老师那会儿，每逢聚会，都有朋友问我：教教我吧，怎么学好英语呢？

这时候，我总会反问他们：你们为什么要学英语呢？

听到我的反问，有人会陷入沉思，有人会说"我没想过啊，就是想学"。而我听到最多的一个答案是："我不知道啊，就是兴趣吧！"其实，这就是你没有学好英语的直接原因：你不知道为什么要学，你也不知道为什么而学。

所以，义务教育的 9 年，你没学好英语；所以，到了每年年底，都会有一堆人跑出来抱怨：哎呀，今年又没有好好学英语。

然后，你问他，新的一年有什么目标吗？他会目光如炬地告诉你：我一定要学好英语！

你不要相信他，也不要相信自己，你要相信事实。事实是，新的一年，他还是一样，周而复始，恶性循环。

其实，学英语并不难，难的是开始学英语，更难的是，找到开始的理由。

请注意，理由不是目标，它是你发自内心、真正想去做这件事情的动机。每次想到这个理由，你都会心如鹿撞。

比如，我持续了快 10 年的早起，有同学问，老师你为什么都那么早起来？

我的理由很简单：我不敢晚起，万一明天我出名了怎么办？我希望我自己第一个知道。

理由可以很简单，但一定要有。而足够好的理由，一个就够。

有一位同学跟我说：我的目标就是要成为有钱人，帅老师，你能教我怎么变有钱吗？我反问他：为什么你要成为有钱人呢？他哑口无言。

现在发达的社会，通达的互联网环境，不缺赚钱的机会，更不缺赚钱的方法，人往往缺的是一个强烈的动机、一个持续做下去的理由。

所以他更需要思考的是：成为有钱人，对我来说，有什么重要的意义？为什么我要非有钱不可？

请记住，做一件事情的时候，Why 比 How，来得更重要。你可以没有方法，因为方法可以学，但你不能没有动机。

为什么做，永远比怎么做更重要。

你不知道为什么选择，相当于你没做选择。你不知道为什么学，相当于没有学。你不知道为什么做，相当于你从未做过。因为你没有筛选，没有思考，也没有衡量。

常说自律给你自由，错了！

自律不会给你自由，有理由的自律，才会给你最终的自由。

无论生活、学习，还是感情，有一个真理：始乱终弃。莫名其妙地开始，必将毫无理由地离弃。

所以，开始之前，先找到你的理由。因为花出去的时间，就像泼出去的水，很有可能，你没有第二次机会开始了。

2. 开关 2：独特的触发因子

当我思考自己的行动模式、分析自己行动力在什么情况下最强时，我惊讶地发现：每个人的行动，都有独特的开关。

这个开关可能是某个环境、某个人、某个物件，甚至是某个仪式，我把它叫作触发因子。简单地说，就是触发你最终采取行动的那个最关键因素。

创作，是公认最容易拖延的事。我们每个人，或多或少，都有输出困难症，比如周一你要写一篇文章，通常写完的时候，已经周五，不到最后一刻，你绝不动笔。我就以此为例，来讲讲如何通过你自己独特的触发因子，来提高你的执行力。

我读过一本书，《创作者的日常生活》。书中记载了近400年来，世界上最伟大的161位创作者的日常。书中提到的人物，不仅仅有作家，还有画家、音乐家等，甚至还有物理学家、思想家、政治家，包括我们熟悉的爱因斯坦、马克思等。

这本书给了我很多震撼和启发。花了两个晚上，我把书读完，发现这些伟大的创作者每天的生活中，都有3个最主要的共同点：早起工作3～5小时、散步、创作前小癖好。

创作者们有小癖好并不稀奇，关键是，这些小癖好，就是他们的触发因子，就是他们创作力和行动力的开关。

比如，村上春树每天凌晨4点就起床，然后会连续写作5小时，一直到早上9点结束，剩下时间都用来陪伴家人。在接受《巴黎评论》采访时，村上先生说：这样的重复很重要，因为它本身就是一种催眠。每天4点起床，是一种仪式感，这是村上先生的灵感和创作的触发因子。

无独有偶，美国最著名的科幻作家斯蒂芬·金，每天早上5点起床，花1小时构思，剩下4小时写作，造就了他数量惊人的作品。

再比如，英国诗人奥登，每天早上会吸一剂苯丙胺，然后开始创作。家喻户晓的弗兰西斯·培根，每天至少要暴饮暴食两顿大餐，喝完一瓶红酒，才开始创作。哲学家西蒙·波伏娃，要拜访一位朋友，跟他一起喝完茶，回家才动笔。

而音乐家贝多芬，每天早上会精心调配咖啡，他每次会用60颗咖啡豆，而且他还会亲自一颗颗地数，喝完2杯咖啡，他才坐在钢琴前开始创作。

本杰明·富兰克林，喜欢洗"空气浴"，所谓空气浴，就是让自己赤裸着身体，沐浴在阳光中。还有一位作家，喜欢养宠物，但他的宠物不太一样，他在自家后院，养了 300 只蜗牛，每次写作前，他都要先去看看这些可爱的宝贝。

类似的例子，不胜枚举。100 位创作者，就有 100 个小癖好。但小癖好，带来了行动力。

看完这些伟大的例子，我也开始按图索骥，寻找自己的触发因子和小癖好。我惊奇地发现，在两种情况下，我会高度专注，行动力极强：被注视；喝柠檬红茶。如果把这两者叠加一下，效果更佳。

比如，大多数人喜欢在安静的环境下创作，我就相反。我喜欢在咖啡厅、餐厅这样的环境写作，原因是会有被注视的感觉。另外，我喜欢喝柠檬红茶，喝完后总是心情舒畅，灵感爆发。你根本无法想象，我坐在喧闹的茶餐厅里，喝一口红茶，然后奋笔疾书的那种创作灵感和行动力。

触发因子的本质，就是待在你喜欢的环境，先完成一件你喜欢的事，作为开始，接下来那件相对没那么喜欢但又很重要的事，想停也停不下来。

找到自己开关的人，全世界都会为他让路。

最后，请思考。

- 你的行动力触发因子有哪些呢？
- 哪一个是在任何情况下都能激发你的行动力的呢？
- 你喜欢什么样的环境？
- 有某些人物、事物或食物，能让你产生行动的冲动吗？

3. 开关 3：想象力

你可能会产生疑问：万一我没有找到足够好的理由和动力，又暂时没有发现自己的独特触发因子，有一件事情也需要我去完成，我有没有办法启动呢？

答案当然是有。办法是：用你的想象力，打开你的行动力。

在过去几年的直播课中，我反复强调一个观念：人与动物的最显著区别，就是人有想象力，而动物没有；人能想象，而动物不能。

如果今天你的口头禅，或者你的信念是"想都不敢想"，你可能不是人。我们也常说一句话，"想象一下未来"。

世界的运作正是如此，我们通过想象来创造未来，通过假设来创造世界，通过"没有"来创造"有"。

《秘密》里有一个最重要的观点：你想什么，就会吸引什么。换句话说，世界就是你想象的那个样子。一件事情需要实现，它首先得在你头脑中出现，然后才会在现实中呈现，再到最后事情的真正实现。行动力，也是同样的道理。

具体如何操作？记住我的一个方法：树立你的行动力偶像。这些行动力偶像，只要通过想象，就能发挥力量。

我有很多行动力偶像，帮助我全方位多角度地提升执行力。

比如，我最近健身，做力量训练，练得手脚发麻，肩膀酸痛，眼看最后一组快没法完成。这时候，我就调用想象力，我再也不是我自己，我想象，我是迈克尔·乔丹。我会想，乔丹会不会放弃，不会，于是我咬牙完成了最后的几下。

有时候，遇上未知的挑战，本能反应要逃跑。我会启动我的想象，我不再是我自己，我想象我是《复仇者联盟》里的美国队长，他是一位战士，他充满力量。我会想，如果我是美国队长，我会怎么做？瞬间，我获得了勇气，继续前进。

第一本书，对我来说，不算容易，因为我更习惯演讲，不习惯写作。每当我察觉我要怠慢的时候，我又打开我的想象力，我不是我自己，我想象我是我的好友 Scalers [1]，我见过的最勤奋、最专注的作家。于是，我抛弃了幻想，继续埋头苦干。

这就是用想象力打开行动力。工作非常专注的时候，你会忘我；但当你去想象你是你的偶像时，你会无我。无我是最好的状态，因为当你没有自己，就没有忧虑，也没有恐惧。

如果你找不到行动力偶像，找个假想敌吧！想象在同一个领域，你有一个对手，他也在前进，你连原地踏步都是后退。这种适度的恐惧和焦虑，反而能让你奋勇向前。

有没有发现，恐惧不只有坏处，只要运用得当，也能产生力量。从另一个角度看，这也是想象的力量。

4. 开关 4：坏情绪

我们通常害怕自己有坏情绪，因为一旦有了坏情绪，我们容易身陷其中，难以自拔。

所以，看到第四个开关，你可能会好奇，更可能会不解：为什么坏情绪能带来行动力？

直接举例。我特别爱看美国的英雄片，片里的英雄，有各种各样的

---

[1]《刻意学习》的作者。

特异功能，凭着这些超能力，他们打怪兽、救地球。但你有没有注意到，这些超级英雄的超能力，是在什么时候发挥出来的呢？或者说，在什么时候发挥会最大呢？

我看过 100 多部电视剧和电影，发现无一例外，主角超能力发挥的时候，正是危急存亡、千钧一发的时候。准确地讲，就是他们的情绪，达到一个极致状态的时候。比如说非常恐惧、非常难受，或者非常生气的时候，你看漫威电影里的浩克，在很生气的时候，身体就会变大，最后变成绿巨人。

生活中也有很多这样的时刻，比如说你被老板骂了，气不打一处来，你突然感觉充满了力量，想打人。再比如说，你失恋了，伤心欲绝，你化悲愤为食量，你点了一桌子菜，并通通吃光，食量暴增好几倍。甚至是，你挤地铁、挤公交，挤到烦躁了，下车的时候，你竟然发挥出了想象不到的力气，杀出重围。

无论是打人、吃东西，还是逃跑，在极端的情绪状态下，你都或多或少发挥出了平常没发现的潜力。更重要的是，这个时候，你的专注度特别高，行动力也特别强。

如果你觉得挤地铁还不能激发你的斗志，你可以试试公交，特别是上班高峰期的公交，你能练习长跑、短跑、自由搏击，搏击完了以后，你会突然发现自己的力量。

生命就是这样，你不想要的生活，带给你想要的人生。你不想要的脾气，带给你想要的动力。

所以下一次，当坏情绪出现时，先别顾着生气，也先别顾着悲伤，做点事情，你会发现，效率比平时都高。

这就是消极情绪的积极力量。所以，别再把注意力放在一个情绪的好或坏上面了。无论是好情绪，还是坏情绪，只要你能利用起来，都是好的。

珍惜好每一个坏情绪，利用好每一次失落、愤怒和彷徨，你会因此而拥有一个双倍效率、双倍行动力的人生。因为，别人只能在积极情绪的状态下奋勇向前，你却还能在消极情绪下一路高歌。

所以，这也给我们提供了一个看待生命中"坏"事情的视角：没有绝对的坏，只有相对的好。你要开始学会，注意坏事中的好事，同时也警惕好事中的坏事。

关键是，你能不能把这些"坏"利用起来。这些所谓的"坏"都是一个 sign（信号），比如说，你生病了，看起来是坏事，实际上是好事，这个病是要提醒你，该停一停了，再用身体就会垮掉。正如你成长中的错误和痛苦，有的人会逃避，但面对的时候，偏偏能让你最快成长。原因是，让你痛苦的事情，虽然以一种让你不舒服，甚至不快乐的方式呈现，但事实上它正在给你一个"现在该改变了"的信号。而这种改变，往往很简单，就是：行动起来。

如果你今天真找不到动力，但你有愤怒，那就是一种非常好的动力。所以下次愤怒出现了，不重要，害怕出现了，也不重要，你要去观察一下，感受一下，这个愤怒和害怕，有没有同时带出来一些其他的好东西？

无论是行动力，还是学习力，抑或是人际关系，每一件事情，都有它的开关。只要找对开关，按下按钮，就能迅速启动，马上执行。

别等了，现在就开始吧！请记住，一切的不着急，都会变成来不及。

现在，就先从"找到你的行动开关"开始行动吧！

与其痛苦地养成好习惯，
不如快乐地建立成就感

1. 坚持 vs 保持

我常被问道：老师，这 10 年来，你是怎么坚持的？就像怎么坚持早起，怎么坚持阅读？

我的回答总是多少有点让人失望：对不起，我没有坚持。

就像你去问宿舍里那位每天打 12 小时游戏的同学：你是怎么坚持的？

他会用异样的目光看着你：我没有坚持啊！你说什么呢！快来开一局吧！

我每天看 5 小时书，跟你每天打 12 小时游戏的同学，其实是一样的。我早起，跟你不早起，其实是一样的。我和你，都一样，都没有在坚持。唯一的不一样是，我们的选择不一样。

而且，不仅我没有坚持，我所认识的绝大多数成绩斐然的人，也没有在坚持。我惊讶地发现，在我们的世界里，根本没有"坚持"两个字。他们每天健身、每天写作、每天学外语，就像有人每天喝酒、每天打游戏、每天看美剧。

你常常无法坚持，正是因为你在坚持。因为当人们说"坚持"的时候，通常是表达态度，而不是描述行动，比如"我要坚持到底"，它表达的是一种决心。但语言影响潜意识，潜意识最终影响行动。我不喜欢用"坚持"，因为坚持的潜台词是"痛苦"。如果你在"坚持"后面加上一件事，很大程度上，那件事情对你来说是痛苦的。而痛苦，就注定了你从不开始，或是半途而废。

如果今天有个人告诉你，他做一件事，坚持了20年，这多半是假的。原因是，如果他真的在坚持，因为痛苦，所以持续不了那么久；换一个角度，如果他真的持续了20年，证明就不是坚持，而是习惯了。想一想，你有坚持过刷牙吗？你有坚持过睡觉吗？只不过是习惯成自然罢了。

所以，我更倾向用"保持"。保持做一件事情，保持一个结果，听上去是不是轻松多了？你要问"坚持"和"保持"的区别是什么？我说两句话，你感受一下："我坚持学习""我保持好成绩"。保持，更多是一种习惯成自然的从容。

说到这里，有人会问：那我要怎么养成一个习惯呢？是坚持21天吗？

多年实践证明，养成一个新习惯，并不需要21天。21天并不是养成习惯的充分必要条件。尤其是那些做起来让你痛苦的事情，无论给你多少个21天，你都几乎不可能养成习惯。

就好像很多人问我，怎么养成早起的习惯？我会反问：你们有早睡的习惯吗？他们会异口同声说：没有。试想一下，早睡这么舒服，都养不成习惯，更何况是让你痛苦的早起呢？

2. 建立微小成就感

传统的习惯养成法不起作用，我开始思考，真正建立习惯的有效方式是什么？

我问自己：为什么我们养成坏习惯这么简单，养成好习惯却那么难？

所以，我们有没有办法，用养成坏习惯的方式，来养成好习惯呢？

于是，我分析了一些坏习惯，比如，赖床、吃零食、发呆、拖延等。我发现它们都有一个共性：舒适。更准确地说，就是不做比做要更舒适。表面上，这个人是懒，但实际上，他待在目前的状态中，会让他感觉更舒适，这就是他的舒适区。

如果这人要开始去做一件事，他需要动机、动力。如果他要完成一件事，他需要不认输、不放弃。但如果他要持续做一件事情呢？这时候，他就需要一个开关，这个开关得符合大脑的运作机制。这个开关，就是舒适，甚至是快乐。

舒适、快乐，就是每个人的头脑所认为的最高利益。

这个开关，也是瘾症形成的根本原因，比如酒瘾、烟瘾。看看影视作品中或生活中，这些抽烟的人，他们的表情是怎样的呢？是不是欲仙欲死？所以，我们可以提高一个维度来思考：能不能用形成瘾症的方式，来养成一个好习惯呢？

答案是肯定的，方法也出乎意料地简单：每天进步一点点。

但请注意，"每天进步一点点"这句话，很多人都有误解。你得清楚，这句话的重点不是"进步"，而是"每天"和"一点点"。因为长足的进步，在短时间之内是看不出来的。

如果你要对一件事情上瘾，每天一点点的真正含义就变成了：你要学会每天给自己创造一点点快乐。所以，如果你希望自己进步，这个进步也必须是让你快乐的进步。

具体要做什么呢？我创造了一个词，叫：微小成就感。你每天要做的事，就是为自己建立微小的成就感。

很多人都喜欢设立大目标，因为这样看起来很牛，但实际上没有任何的意义。对大多数人而言，一个足够大的目标，只能让你兴奋一小会儿，随即你会被巨大的任务量吓退，从而放弃。

有一天，我在朋友圈看到有人立了个 flag，说要每天更新一篇 3000 字的文章，我笑而不语。我好奇跟踪了一下，发现这位立 flag 的朋友，一共坚持了 2 天，然后停止了更新。又过了 2 天，他把原来立 flag 的朋友圈也删除了。养成好习惯，由开始到放弃，还不到一周。

所以，如果你有一个目标、一个任务需要完成，在一开始，别忘了降低任务难度，把目标切成"微小"的部分！但多小才是微小呢？"微小"的标准是什么？就是我们刚总结的：舒适。

选择让你舒服的任务量，是最好的开始；然后你不费太大力气，完成了任务，也有了成就感，这时候，你会感到无比快乐。养成好习惯，就是蚂蚁搬家，一次一件事，每次一点点。

我有一位个案咨询的学员——笑笑，她是成功的企业家。她问我：帅老师，最近我想养成一个写作的习惯，你有什么建议吗？

我跟她说：那就从今天开始，每天写 1000 字吧！

她面露难色：太多了吧！我怕有时候太忙，持续不下来，怎么办？

我说：那就每天写 500 字，如何？

她有点为难：500 字还是有点太多了！

我说：那每天写 200 字，内容上选择你最擅长的部分。每天就写一条你做企业管理的心得和体会。

她表情终于放松下来，有点高兴：这个可以！我试着做一下！

我说：太棒了，记住关键是开始和保持。等你写习惯了，再慢慢加字数。

你创造微小成就，微小成就创造持续的快乐，而持续的快乐，创造习惯。

最近，我也在用自己的理论，开始帮助自己运动了。

起初，跑 5 公里我觉得太累太苦，我就跑 4 公里；4 公里还是有困难，我就跑 3 公里；3 公里还是会气喘吁吁，那就 2 公里。我太久没运动了，所以决定从 1 公里开始。

写文章的这会儿，是我保持每天跑 1 公里的第 105 天。为了运动量足够，跑完了 1 公里，我还会额外在小区花园里散步 30 分钟。105 天，每天 1 公里外加 30 分钟，运动量客观来讲并不多，但总比不开始好，总比什么都不做要强。

而且我养成这个习惯，并不是为了让别人看，让别人觉得我厉害，而是要为了让我自己舒服，让自己健康。关键还不在这儿，目光要长远嘛，想象一下，这个小习惯保持 10 年、20 年呢？

人一辈子，其实就要学会两件事：如何开始、如何持续。如何开始，上一篇告诉你了，要找到你的行动开关。如何持续，就是本篇最重要的内容：建立微小成就感，然后无痛感地加量。

要做成一件事情或养成一个习惯，请记住一句话：种一棵树最好的时机是 10 年前，其次是现在。

为免你没有 get（获得）到重点，我翻译一下，这句话的启示用 8 个字总结：马上开始，一直保持。

3. 那些你不感兴趣，但又必须坚持做的事

为自己建立微小的成就感，不仅能让你轻松养成习惯，它还能帮你有效解决另外一个问题。

很多同学曾经问我：老师，如果我对一件事情没兴趣，而这件事又必须做，我该如何坚持呢？

大家又走进了另一个误区：认为兴趣是做成一件事的关键。但请记住，成就感永远比兴趣更重要，特别是微小成就感。

为什么呢？因为在绝大多数时候，一个人不会无缘无故对一件事情产生浓烈的兴趣。感兴趣，可能是因为有天赋。一般的"兴趣"就比较容易有，但它不是真正的兴趣，可以理解为"好奇心"。好奇心是三分钟热度，兴趣相对长期稳定。所以除了那些天生的屈指可数的兴趣外，真正的兴趣，也要通过微小成就感的不断累积，才能产生。

举一个背单词的例子吧。我相信，绝大多数人都对背单词没有兴趣。你天然就对背单词有兴趣的话，可能是天赋异禀。

那在你对背单词没兴趣的情况下，怎么坚持去背单词呢？很显然，只有通过四、六级，或通过考研这个目标，动力是不够的。

你就要学会，逐步积累微小成就感。你没必要每天背 100 个单词，相信我，你是背不下来的，如果背得下来你早背了。

我们就从一个开始，比如，今天你安排自己背一个单词，一个背下来了，很高兴；明天开始安排自己背两个，也背下来了，很高兴；第三天开始安排背 5 个，都背下来了，继续高兴。

初步的成就感，就这样累积起来了。你会持续地有小成就，持续地感到很高兴，一般这样循序渐进，增加到每天 30 个单词就差不多了。到

那个时候，你的成就感，就已经累积到能真正对背单词这件事"感兴趣"了。

请记住，感兴趣的事情未必有成就，有成就的事情必定感兴趣。

其实这个世界上，没有所谓的坚持，也没有所谓的兴趣，只有微小成就感的建立。

一辈子很长，与其痛苦地坚持，不如快乐地保持；与其痛苦地养成好习惯，不如快乐地建立成就感。

现在就开始吧！

从读书的误区看读书的方法

　　来说说读书的方法和常见的误区。

　　方法说得最少，因为读书本身就是读书的方法。误区说得最多，因为你不是方法不够好，只是常常被误导。最终这些误区，阻碍了方法的实现。

　　读书的方法其实只有一个。

　　这个方法就是：逐字逐句认真读。原因很简单，写书的人是逐字逐句认真写的。如果你不这么读，很难谈得上有什么收获。如果你把一本书，按照这样的方法，不放过每一个字，多读几遍，你还会惊喜地发现，每一遍都有不同的收获。

　　你容易忽略的一点是：如此读书，不仅能收获知识，而且磨炼心志、锻炼耐力。长期慢读练出来的心志和耐力，受用余生。

　　有的朋友急功近利，寻求一种按面来读书的方法（一眼读一页），或更急功近利的办法。我认为除非有一天，人类发明了一种可以一次写一面的写书方法，届时一眼读一面的读书方法，才会奏效。否则，还是该按照一字一词一句的方法来读。书是怎么写出来的，就该怎么读下去。

可现实的情况就是，读书的人认真读书，不愿认真读书的人找各种读书方法。

过几年，你会发现，踏实努力的人都会有所回报，投机取巧的人多数都被"聪明"误。最后，他们会发现他们错了，然后从头开始踏实努力。

第一个误区："快"

前些天，有位同学问：老师，快速阅读有没有用？

我的答案是：目前对我来说，没有用。因为我有很多很多的时间，所以不需要快；我也不用看很多很多的书，因为来不及实践和运用。学有所成这件事，从来都不是你看了多少本书，而是你能把一本书看得有多好。当你意识到这一点，你就知道，书不用看这么多；不用看得多，自然也不用看得快。对你来说，不能说完全没有用，但你要想明白，阅读难道就是为了追求快吗？快速，只不过是阅读的其中一种方法罢了。很多时候，你就是太焦虑、太急功近利了，包括阅读。我的建议还是维持原状，多花点时间，认真细读，尽力吸收，大量行动。

读书这件事和减肥类似，减肥有两大类方法，一慢一快。

A 方法：每天坚持少吃一点，每天去走路或跑步一小时，合理作息，一年两年慢慢就瘦下来了。这个方法的缺点是慢，优点是毫无技术含量，只需要一点决心和坚持，另一个潜藏的优点也是最大的优点，是不容易反弹。

B 方法：吃减肥药，喝减肥茶，一周瘦 20 斤；抽脂，几周瘦 50 斤。这个方法的优点是快，缺点是对身体、对心肺系统造成伤害，另一个潜藏的缺点是，极容易反弹。

慢和快的方法，实现的方式不同，路径不同，所达到的目的也不同。你会选择 A，还是选择 B？选择的标准，得看你的减肥目的了。你若要快速瘦下来，是为了临时好看一点，会选 B。但如果你为的是长期的身体健康，或者不再进一步伤害身体，我相信你会选 A。目的决定目标，目标决定方向，方向决定方法。

　　如果你的目标是最终收获身体的健康，但又选择了 B，我会觉得你智力不太正常。毕竟，谁会用一种现在就伤害自己的方法，来换取未来的健康呢？这就不是选择健康和不健康了，这是在选择马上死还是晚点死。读书与此同理。

　　你读书的目的是什么呢？和这个目标相匹配的目标、方向、方法又是什么呢？这需要诚实地面对自己，理智地面对现实，然后做充分思考。

　　英国大文豪培根在他的随笔集里说：读书足以怡情，足以博彩，足以长才。你是为了自己开心，博得喝彩，还是增长才干呢？不同的阅读目的，指向了不同的阅读目标。

　　我把读书的目标，划分为几个层次：1. 获取，2. 理解，3. 感受，4. 运用。大多数情况下，快速阅读能帮你做到第一个层次，就是获取信息，这甚至是使用"快速阅读"的根本目的。

　　但如果你没有完全掌握，这样的"快速阅读"，实质上对信息获取的完整性，是有巨大伤害的，你在人为地"断章取义"。这样一来，快速阅读能带给你的，就只有一种"你好像在读"的快感了。更不用说要达到后面的层次，或同时达到所有层次了。

　　从另一方面看，目前你能看到，对身体所有"快"的调节方式，几乎都对身体有害。学习方法、读书方法异曲同工，以前说守身如玉，现在要学会守脑如玉。

　　我觉得真正的"快"只有一种，就是你长期保持阅读习惯，比如每天都读 1 ～ 2 小时书，持续 10 年，书读得多了，熟能生巧，自然就快起来了。有没有发现，这样的快是有基础支撑的，所以快并不会减损信息、影响理解，更不会妨碍思考。

　　而几节课学来的快速阅读，能改变什么呢？很可能什么都改变不了，因为你的阅读速度，其实是你的阅读习惯，你用几节课来改变一个 20 年来养成的习惯，可能吗？如果效果有那么好，口碑应该不错，它的传播面应该更广，你应该能更早接触到，可现实中为什么没有呢？但话说回来，改变不了习惯，也改变不了速度，至少可以改变焦虑的感觉。

你要记住，从来都是如此，慢速阅读解决的是学习的问题，快速阅读解决的是贪心的问题。而贪多求快，偏偏是学习成长中的大忌。

如果你再理智一点，你会发现，阅读只有一种，就是逐字阅读，哪有什么慢速快速之分？阅读本身的定义，就包含了"慢慢来"，而所谓的"快速阅读"，只不过是"眼保健操"。

而"快"的最大一个陷阱是，材料越熟悉，速度必然越快。你的速度，与你阅读的客观速度无关，却与你对文本或内容的熟悉程度紧密相关。常读工具书籍的你，读小说就会慢一点；常读中文书籍的你，读英文书籍就会慢一点。所以，你很少碰小说，也很少用英文进行阅读，因为陌生的不爽，熟的爽，慢的不爽，快的爽。导致的结果是：越熟悉的就越快，越快就越爽快，越爽快你就越要读。

但是，你有没有想过，如果阅读都是读你自己想读的、读你自己熟悉的素材，甚至读你自己喜欢读的，那阅读和学习的意义到底是什么呢？维持快感吗？确实，据统计，大多数人在快速阅读时，都会有一种速度与激情的感觉，读完后更是神清气爽。但读完后，请你静下心来问问自己，你真的有什么收获吗？

你每天看自己爱看的东西，学自己已经懂的东西，这又算哪门子的学习呢？

你以为你在突破认知，其实你是在巩固偏见。

第二个误区：大脑兴奋

我还听过一种极为荒谬的说法："一本书的价值，在于这本书的观点能不能让大脑感到兴奋。"

我不知道说这话的是谁，但我相信说话的人，说的是自己真实经历和感受。这样的感受，极可能是说话者对阅读经验的缺乏和因此产生的偏见般的认知所导致的。

关键是，"让大脑感到兴奋"是一句废话，它不具备可操作性，为什么？我粗略地想了几个理由。

第一，"大脑感到兴奋"可能来自肢体动作的改变，它是一种假兴奋。比如，你去跑步，你的心跳加速，头脑就会兴奋。类似的，你去快速阅读，你眼睛转动加快，带来一些肢体上的紧张感，你也会感到兴奋。这是肢体引起的兴奋，不是书中内容引起的兴奋，但问题是，这两种兴奋要怎么区分呢？

第二，"大脑感到兴奋"可能来自认知的盲区，这是另外一种假兴奋。简单地说，就是没有见过世面的人，见到什么都是世面，他见到什么都会兴奋。古语有云：少见多怪。假设一个人从来没有接收过什么信息，头脑一片空白，你给他递一本小人书、漫画书，他也兴奋好半天。突然想起了孩童时第一次看绘本、第一次看漫画书、第一次坐过山车、第一次去动物园的感觉。头脑兴奋吧？兴奋！这时候，书是特别有价值的吗？不过是我们无知罢了。

第三，是最关键的一点，"大脑感到兴奋"怎么定义和量化呢？这种兴奋要怎么被检测呢？我怎么知道大脑是兴奋，还是不兴奋呢？是纯粹的自我感觉吗？还是说我读书的时候头上还得戴一个脑波仪，时时刻刻地注意到脑波的起伏，从而判断哪里是我的兴奋点，然后划分重点做笔记吗？

而且，就像我们以上的分析，熟悉的内容让我产生兴奋，类似的内容让我产生共鸣，陌生或有难度的内容让人不兴奋也不产生共鸣，但这反而才是该去读、才是让你成长最快的。

如果要我来说，与其读一些强烈认同的、让头脑兴奋的内容，还不如读一些让我强烈不认同的、让头脑不兴奋的内容，因为往往这里面就有我欠缺的知识，产生过无知偏见，或完全不了解的领域。你懂我的意思吧？因为我见都没见过，所以连共鸣都无法产生。

对我而言，读书的最大目的：是提前获得智慧，补充我对这个世界的解释系统。这就意味着，实现这个目的的过程，我需要汲取更多本来不存在我头脑中，也不在我知识系统中的知识，来拓宽我认知的边界，不然只能越活越狭隘。也许是对自己的要求太高，我通常都感觉不到读书的兴奋，因为我知道这不是关键。读书时，我更多的是品味、推敲和思考，而这偏偏需要一颗冷静的头脑。但如果今天我因为阅读有所收获，确实能感受到一丝喜悦。

一本书的价值，跟你的大脑兴奋不兴奋毫无关系。因为书的价值是客观的，而大脑的兴奋是主观的。

正如我常说的，在任何一种情况下，你都要思考，在这件事中，什么才是真正重要的？

我认为，一本书当中，比信息更有价值的是观点，比观点更有价值的是推导过程，比推导过程更有价值的是应用方法，比应用方法更有价值的是操作步骤。其中，推导过程可以简单地理解为思考。换句话说，信息是基础价值，观点是实用价值，从思考开始，才是认知升级啊。

请记住我一句话：你能用笃定的自信来面对未来，就能用平常的心态面对现在。

如果你相信自己总会出头的，慢慢学、慢慢读又有什么关系呢？头脑不那么兴奋又有什么所谓呢？反而这才是正常的。

但如果你看不到未来，看不清前路，你会焦虑；你看到别人在学而你没有在学，你更焦虑；你看到别人学得快而你学得慢，你最焦虑。你一焦虑就会急，一急就想快。

这个时候给你任何一种"快"，你都会觉得久旱逢甘露，焦虑感迅速消除。但实质上，问题并没有解决。

第三个误区：概念情结

有位同学辩解说：我跟着一个阅读老师学习，老师说了，虽然书不能都看懂，也不能都明白，但快速阅读能够帮我们收集很多有用概念啊！

我反问他：难道你读书就为了收集概念吗？那书的主旨呢？结构呢？字词句呢？而且，如果你去精读文学作品，也有那么多所谓的概念可以收集吗？

他哑口无言。可见他只是一厢情愿地相信，并未进行充分思考。

这位同学，就是典型的概念情结，或者说，典型的概念爱好者。他们以为概念就是书的全部，他们读更多书的目的，就是为了掌握更多的"概念"。但按照我们刚才的分析，收集概念充其量也只是读书目标的第一个层次，也就是收集信息，价值是最低的。

我并不是说，收集概念是错的。但如果读一本书只是收集概念，实在是极大的浪费。如果你爱收集概念，根本不用通过读书来实现，为什么你不去读字典呢？这样会比快速阅读更快啊！可以省下大量读书的时间，省下大量买书的钱。你只需要读10本各个专业领域的词典，熟背条目，就能成为"概念大王"。

要是你的搜索技能好一点，就字典都不用买，直接运用互联网更快。你只需要打开网页"MBA智库"，各种先进概念，应有尽有，免费取阅，只需要动动手指头。

随手能查到的东西，又何苦辛辛苦苦去读呢？

你有这些误区吗？想读得快，想让头脑兴奋，想尽量多地收集概念。

如果有，是为什么呢？是谁向你送了蜜糖，又是谁向你灌了迷汤？

我常在我的社群里说，我们是业余传播正能量，教你一点经验及个人成长的策略与方法，但别人是全职散播焦虑搞伪科学啊。读书哪有那么多方法，就一个：逐字逐句认真读。

脚踏实地的阅读好比吃饭，饭要一口一口吃，菜要一口一口消化；投机取巧的阅读好比吃水果，光吃水果只能有饱腹感，那是一种"我已经饱了"的错觉，实际上会造成营养不良。

这就不难理解，为什么现在杂七杂八的所谓阅读法都用蔬果命名了？像什么生姜阅读法、大蒜阅读法，说白了，都是"韭菜阅读法"。这些阅读法被创立出来，目的只有一个：割韭菜（忽悠无知的人）。百度上说了，韭菜要割三次，你看是不是：听阅读法的课第一次，看阅读法的书第二次，参加阅读法的读书会第三次。

蔬果阅读法的好处是感觉挺健康，坏处是长期下来会营养不良。更坏一点，贫血头晕。最坏的情况是厌食症，从此无法吃饭，活活饿死。这就是为什么现在很多接受了蔬果阅读法教育的人，会出现一种后遗症：不能看书，只能听书。

而对某些人而言，他们的学习能力，就只剩阅读能力了。本来他也可以凭借阅读能力逐渐提高，拔地而起，最后实现逆袭。结果有人居心不良，连这最后仅剩的长处，也要割走，实在可怜！

你看，读书和不读书的人，其实区别很明显了吧？

读书人相信自己，不读书的人相信方法。正如，优秀的人相信一步一个脚印，而其他人，却更相信捷径。

请永远记住，阅读的最强技巧，就是阅读。

请付出精确到秒的努力

1. 霍比特人村的启示

好友天舒到新西兰旅行，发来一张霍比特人村的照片，附言：给你分享一张很牛的图片。

我看着图片，大惑不解，因为图片里的全部内容，就是一座小房子，房门前还有一棵抢镜的小树。

我问天舒：你给我分享这个干吗？

天舒说：我给你看的，就是房前的这棵树！

我依旧不解，我又不是没有见过树，继续问：这树有什么特别吗？

天舒说：这棵树真的太让我震撼了！

我更疑惑了：不就一棵棕榈树吗，有什么好震撼的呢？

天舒来了劲，解释说：你看它是棕榈树对吧？其实不是。当时剧组拍摄霍比特人，要在霍比特人的小屋门前，安置一棵棕榈树。但新西兰当地天气不适合棕榈树，压根找不到。于是剧组想了个办法，道具组的工作人员花了两天两夜的时间，找来了苹果树，找来了梨树，把它们的枝干扎起来，伪装成棕榈树的枝干，再从外地运来假棕榈树的叶子，插在伪装好的枝干上，一棵适合霍比特人身高和风格的棕榈树，就诞生了。

我耐心听完，说：这确实是个好办法，可震撼在什么地方呢？

天舒有点激动，说：你知道吗？这棵树，最后在2小时完整的电影里，只出现了一共2秒钟。

她说完，我也震撼了，感叹：对啊，相比起国内的电影制作，这真的是太用心了。

记者曾问道具组的工作人员：费那么大劲，最后只出现2秒，谁在意呢？

工作人员说：我在意。

2. 不亚于任何人的努力

稻盛和夫在《活法》中说过：要付出不亚于任何人的努力。

我原来一直没想明白，到底什么是不亚于任何人的努力？

指的是劳动强度吗？还是说时间长度呢？

看了对霍比特人幕后工作人员的采访，我恍然大悟，原来说的不是强度，也不是长度，而是精度。

一棵假的棕榈树，只为电影的2秒钟服务。

不亚于任何人的努力，就是精确到秒的努力啊！

突然发现，那些对时间没感觉的人，那些浪费时间的人，那些不断拖延的人，只不过是不了解时间的精度，没从时间的精度上下功夫。

比如，四、六级考试即将来临，很多人开始倒数。他们是怎么倒数的呢？离开考还有100天，离开考还有80天，离开考还有60天，还有

30天，10天。到了最后10天，他们总是会惊讶地大喊一句：啊，来不及了！

为什么他们备考没有任何的动力，也没有任何的紧迫感？

因为他们在按"天"来倒数，精度完全不够啊。

你扪心自问，你真的有60天、80天、100天来备考吗？你准备在这些天里面，吃喝拉撒啥都不干，每天24小时坐在那里备考吗？根本不可能。

我们算一笔账，除去上课的时间、其他活动的时间，你每天能安排多少小时备考呢？我猜，满打满算，最多2小时吧！

所以哪里有100天给你倒数？真相是，你只有200小时倒数。按24小时一天来换算，你的备考时间，实际上只有：8.3天。有没有发现，这么算的话，其实早就来不及了！

为什么你的努力没有用？为什么认真准备还不及格？难怪不及格啊！你只有8天的时间准备。

古语有云："三天打鱼两天晒网。"它有两个意思，一个意思很明显，讲的是这个人一天努力，一天不努力，简单说，他的努力不持续；不持续的努力，自然不能累积成一个较大的成果。另外一个意思比较隐晦，也更加可怕：我们的努力，居然是按天算的。

所以在讲课的时候，我都会叮嘱同学们：利用好时间，算好小时不算天。当你面对要倒数的考试，面对有截止时间的任务时，可以参考这样的时间计算方式。

时间的精度，就是你对生命的态度。改变了对精度的要求，自然能改变你对时间的感知。

这样，你就重新定义了时间。

近几年来，最好的商业模式，都在重新定义时间。"饿了么""美团外卖"，重新定义了30分钟，你坐在家里等一会儿，就有人送饭给你吃；"喜马拉雅FM""得到"等知识付费平台，重新定义了10分钟。路上的零碎时间你可以学习；各种短视频平台重新定义了 5 分钟，只要有点时间不知道干吗，你就能从视频里获取趣味；之前爆红的付费语音问答平台"分答"，重新定义了 60 秒，专家用 1 分钟帮你指点迷津；而大家熟知的"抖音"，重新定义了 10 秒钟。之前又有谁会想到，10 秒钟可以用来录视频、发视频呢？

有没有重新定义 1 秒钟的商业呢？我认为有，像陌陌、探探等社交软件，就重新定义了 1 秒。你没有想过吧，1 秒的时间，居然有可能遇见一个心仪的陌生人。

还有"微信""支付宝"，用二维码、秒付等功能实现几秒甚至 1 秒付款，要是平常用现金和刷卡，怎么也得 1 分钟吧！

重新定义时间，说白了，就是给事物赋予新的时间精度。

如果你能重新理解时间、定义时间，你的世界观也可能因此被颠覆。

我举个例子，比如说，对于一些人，他们赚钱没动力，那么为什么他们会没动力？因为他们觉得他们赚的是月薪，或是周薪，这哪能有动力啊？

你说，那应该算日薪吗？不，应该算秒薪！

然后你就知道，为什么你的钱总不够花了？因为你赚钱是按月赚的，但你花钱是按秒花的，这怎么能够花？

花的时候是秒秒钟花的钱，赚的时候凭什么按月来算？

这样推演下去，你会得到一个全新的金钱观：原来我赚钱，不是赚得不够多，而是赚得不够快。就像有的人赚 100 万需要一辈子，有的人需要一年，但有的人可能只需要一秒。

我们再倒回去看看，这一切是怎么开始的？就是你对时间的认知发生了变化，你开始以一种更精确的方式，来把握时间，一切也因此变得不同。

所以，无论学习、工作、赚钱，只要你还在成长，"天"这个单位对你没有太大意义。一些按"天"算的打卡活动，也是似有若无，似是而非。

那要怎么做呢？很简单，记住一句话：把计划精确到时，行动精确到分，专注精确到秒。

每秒钟都在专注，每分钟都在行动，每小时都知道自己在干什么。

你还会有焦虑吗？不会有了！首先你没有时间焦虑，其次你再也不怕那些每天都嚷嚷着"我每天都在努力"的人了。

他们永远都不可能超越你，因为他们根本没有"精确到秒的努力"。

3. 精确到秒的本质

精确到秒的本质是精品意识。

那到底是什么决定了一件事的结果？或者说，什么决定了结果的呈现呢？

前不久，有位同学，在向我咨询的时候，问了我一个问题，她说：老师，为什么我在工作中总犯错？

我联想起自己的工作经历，发现答案竟显而易见，4个字：精品意识。

她对自己的工作，没有要求，没有标准，没有精品意识。

什么是精品意识？就是有那么一个点在那儿，你没有做到，就不是精品。

记得刚进新东方那会儿，所有新老师都要经历一个惨无人道的环节：磨课。磨课只有一个要求：不能有一字讲错，也不能有一处卡顿。讲错了怎么办，刚才无论你讲了多久，作废，重新开始。你很难想象，20小时的课，无一错词，全程无卡顿，是什么质量？做到的难度又有多大？

足足磨了半年，我才达到了标准，把课完全讲下来，开始了我当新东方老师的生涯。

从那时开始，我清晰地知道了，什么叫精品意识？精品意识，就是零失误、零容错空间。

对于刚离开学校、步入职场的新人，要完成一次角色和思维的转换。你的身份不再是学生，请记住，职场的第一要务是做事，而不是学习。首要目标是出成果，而不是有收获。你要做到 3 个尽可能：尽可能快，尽可能多想一步，尽可能不犯错。如果犯错了，尽可能不犯第二次错。别每次犯错后就跟你领导说：真的学到了很多！谁让你来学习啊？又没交学费，还给你发工资！

我们要找到楷模，找到努力的方向。比如，人民解放军国旗护卫队的 36 名战士，每天要走 100 个正步，100 个齐步，护送国旗，精准到达升旗的定位点。如同日出，国旗每天在天安门广场准时升起。1982 年以来，他们完成了 25000 多次零失误升降旗任务。国旗护卫队战士背后经历的血和泪，难以想象。

无独有偶，当年轰动一时，海尔砸冰箱的视频，厂长要求把质量不过关的冰箱砸掉，工人们纷纷劝阻，厂长慷慨陈词：从今往后，海尔的产品不再分等级了，有缺陷的产品就是废品。

车间主任奋力阻拦，要夺过厂长手中的锤子，厂长激动地说：今天不砸掉这些冰箱，将来人家就会来砸我们的工厂。最后 76 台冰箱被通通销毁，也唤起了工人们对质量的意识。

同样，如果你不收拾自己的缺点和粗糙，把自己锻造成精品，将来你的对手就会收拾你，你的同行就会打败你。

人生最痛，不是"我不行"，而是"我本可以"。要有效能意识，马上行动，也要有精品意识，先完成，后完美。

精度高的人生，立体而性感；没有精度的人生，只能一片模糊。

既然人只活一次，你都选择做一件事了，就做到最好吧，不要给自己留退路。

PART

5

优势升级：关注自己
所有的，吸纳
自己想要的

最大的误解，是对时间的误解

曾经听过这么一个段子——

面试者问老板：老板，我时薪那么低，能不能调一调？

老板说：不低啊！

面试者：可是，才8块钱一小时啊！

老板说：你算一下，如果你一个月工作1万小时，你就月薪8万了！

面试者很高兴连连点头，答应了offer（录取通知）。

你看，这就是我们对待时间的反应，不知不觉。

你根本不知道1个月里，并没有1万小时。

我们大多数人，对时间没概念。正是因为没概念，才导致了人对时间的种种误解。而一般人对时间，有3种误解。

误解一：时间是无限的

每次讲座上，我都会问到场的同学：如果今天让你拥有一种超能力，你希望这种超能力是什么呢？

5年的时间，我收集了近3万个答案，让我诧异的是，88%同学的答案都是两个字：不死。

我们都希望自己不死，希望时间是无限的；因为，我们会想，如果我们能拥有无限的时间，我们就可以做无限多种尝试，做自己想做的所有事情。

可是，你有没有想过，今天我们依旧能感受到人生的精彩，对明天的生活依然充满期待，就是因为我们知道，我们是要死的！就是因为我们知道，时间是有限的！

不信？跟我来脑补一下，一个你"不死"的场景。

假设有一天，上帝突然来到你身边，告诉你，你永远都不会死，你享有用之不尽的时间。你很兴奋，跟朋友庆祝了一晚上，结果第二天，到了起床上班的时间，你发现自己有点困，怎么办呢？

你突然想起来，自己是不死的！于是你跟自己说：那我先睡一年吧！结果你睡了一年，起来发现还是有点困，你又跟自己说：我再睡一年吧！于是，你就这样睡了一年又一年，因为你是不死的，时间对你来说完全不重要。试问，这样的"不死"和"死了"又有什么区别呢？

生命之所以精彩，是因为生命短暂，时间有限。不管你愿不愿意、承不承认，我们都得面对一个事实，我们都是要死的！更重要的是，我们要学会，向死而生。

但你仔细地观察一下，周围有多少人，是以一种"不死"的状态活着呢？他们肆意地挥霍着他们的时间，比如一天睡 10 小时，比如上班发呆 8 小时，比如吃喝拉撒 4 小时，比如和朋友尬聊 2 小时，比如看电视刷视频一晚上。他们觉得死亡离他们还很远，仿佛自己并不会死。直到有一天死亡逼近，他们才后悔莫及。

在我微博的后台，最常见的一个问题是：老师，我该如何管理时间？我每次都会耐心回答他们时间管理的窍门，但每次得到的反馈都并不奏效。

我开始思考原因，最后发现，大家都忘记了最重要的一点，要合理利用时间，有个大前提，就要把这个观念深深地植入到你的大脑中：时间是有限的。

无限的时间，根本不需要管理，也管理不了。

正因为时间有限，我们才要合理安排，好好珍惜不浪费。

正因为时间有限，我们才希望把时间用来做有意义的事，陪伴值得的人，让每件事产生的效果最大化，从而活出一个最精彩的人生。

误解二：时间是公平的

我听过很多人抱怨不公平。

在家里因不同的性别，受到长辈不同的对待；在学校因为不同的成绩，受到老师不同的照顾；在职场又因不同的毕业院校，受到上司不同的待遇。或者，仅仅是因为不同的发展轨迹、不同的选择，接收到朋友同学不同的目光。

这时候，一定会有人出来安慰你说：不怕，时间是最公平的。耳濡目染之下，你也会安慰自己说：不怕，时间是公平的。

表面上，时间是公平的，因为每个人的每一天都有 24 小时。但在我看来，如果你觉得时间是绝对公平的，你就是认命了。因为实际上，时间并不公平。

你是否真的拥有 24 小时，不是看一天有没有 24 小时，而是要看，你有没有在这每一小时里，都产生价值。比如，一天 24 小时，你只工作了 1 小时，你就产生了一小时的价值，所以你的这一天并不拥有 24 小时，你只拥有 1 小时，因为你浪费了其余的 23 小时。

还记得网络上曾经有人给你灌过的鸡汤吗？不用羡慕比尔·盖茨，不用羡慕乔布斯，不用羡慕马云，也不用羡慕俞敏洪的成就，你忘记了一件重要的事，就是他们和你一样，一天都只有 24 小时。

你有没有稍微反思，为什么拥有同样的时间，他们却拥有完全不一样的成就和人生呢？真相是：这些站在金字塔顶端的人，一天确实不止24小时。

我在直播课上，曾反复强调一个观念：当你有钱的时候，钱买什么最划算？答案是：买时间。

最成功的人，都最会买时间。他们会把我们刚才说的有限时间，魔术般地延展为无限时间。而这点，就是时间最不公平之处。

我们来算一笔账，新东方的老板俞敏洪，他的一天，到底有多少时间？

根据公布的数据，不完全统计，新东方共有 3.6 万名员工，其中老师有 1.9 万名。这 3.6 万名员工只要一天在新东方上班，就会不断为新东方贡献时间和相应的价值。假设平均每人每天工作 10 小时，3.6 万名员工，合计 36 万小时。从这个角度来看，俞敏洪的一天确实不止 24 小时，他的一天至少有 36 万小时。

你能想象这种活法多么性感吗？一个人 20 岁开始工作，60 岁退休，他工作的时间是 40 年，约为 14600 天，按平均每天工作 8 ～ 9 小时算，约为 12 万小时。一个普通人的一辈子，一共能工作 12 万小时，而俞敏洪的一天有 36 万小时。什么意思？

他工作一天，等于你一个人努力工作 3 辈子；换个角度看，他工作一天，等于 3 个人努力工作一辈子。

你的一天是一天，他的一天是你的 3 辈子，多么不公平。而且，你有没有发现，他还通过这样的方式，延长了他的生命。同样活 100 岁，你只能活出 80 岁的模样，他却活出了 240 岁的质量。真是人比人，气死人。

但我们做如此的思考和分析，并不是为了生气，而是为了面对和迈进。

只有接受了时间不公平这个事实，才会有改变的机会。你没有看错，你需要接受不公平。恰恰是不公平的存在，才让我们有了抄底逆袭、重新做人的机会。

你去想象一下，如果这个世界是绝对公平的，就没你什么事了，有权的人永远有权，有钱的人永远有钱，努力无效，勤奋没用，出身注定一切。

时间的不公平，恰恰给了我们机会：在别人浪费时间的时候，我们可以用时间来增强认知，学习技能，改变观念，调整策略。在别人浪费钱购买一大堆没用的物品时，我们可以利用钱，来为自己买来更多的时间。

利用时间的高手，其实都是买时间的高手。

用钱换时间，用时间换智慧，再用智慧换成长，用今天换明天。我们善于利用"时间的不公平"，便能轻松达到我们想要的。

人生就是这么一个过程，用你有的，换你没有的。用不公平，换公平。最后，用有限，换无限。

误解三：把生命中的每一天，过成生命中的最后一天

提到时间，最耳熟能详又最激动人心的一句话，莫过于"把生命中的每一天，过成生命中的最后一天"了。

这句话的本意和出发点是好的，它想告诉大家要珍惜时间。可是，它的逻辑错了。

我之前在新东方，教四六级、考研英语课程。

有同学在课堂上问：老师，我们到底要怎么样，才能把今天过成生命中的最后一天？

我摇摇头说：根本没办法，因为今天就是今天，不是生命中的最后一天。

在场的同学似乎对这个答案不满意。

我突发奇想，就问大家：假设你知道自己明天就要死去，今天就是你生命中的最后一天，你还会做今天在做的事情吗？

大家不解，皱紧了眉头。

我继续引导：这么说吧，今天背单词对你很重要吧，你会去背。但如果你明天就要死了，今天还会背四六级单词吗？

大家笑逐颜开，异口同声说：当然不会啦！

我总结说：对啊！当然不会！明天都死了，今天还背什么单词呢？赶紧找心爱的人在一起，赶紧找家人在一起，聚一聚，吃点好吃的。

大家开始点头，我接着说：但你们有没有想过，今天你们为什么还在背单词？

同学们摇了摇头。

我解释道：因为你知道明天不会死，后天也不会死，你要很久很久以后才死。在你死之前，有一个考试叫四级，过了四级还有一个六级，过了六级还有一个考研，你心里非常清楚，如果你不背单词，这些考试的结果就会比死还可怕！

大家会心一笑。

确实如此，如果你把今天过成生命中的最后一天，你就去玩了，没背单词；结果第二天没死，接着把明天当作生命中的最后一天，接着玩，接着没背单词；结果第三天发现自己还没死，继续把后天当作生命中的最后一天，继续玩，继续不背单词。

如此循环直到开考的前一天，你就会真的感觉那是你"生命中的最后一天了"。

这就是把今天过成最后一天的后果，你不会再做那些对你生命来讲很重要又很有意义的事情了，你只会及时行乐。因为比起明天的死，再重要的事都会失去意义。

今天你做的事情，你之所以做，是因为它对未来的某一个目标而言很重要，而不是对生命中的最后一天来讲很重要。

把今天过成最后一天，我们就否定了自己在一天又一天生活中的可能性和可变性。我们更没有办法，把每一天过成最后一天。

我们只能把今天过成今天，因为今天，就是明天。

明天总会有今天的影子，但请相信，明天总会比今天更好。

有时间，不如用时间

最近很多同学问：帅帅啊，我看你平时挺忙的，那是怎么保持每天看一本书、看一部电影、写一篇文章呢？我总感觉我没有时间。

我之前还没有发觉，大家这么一问，我也开始奇怪：对啊！我每天要备课上课、锻炼身体、管理自己的公司、做品牌咨询个案，在很多人看来，能完成以上的任意一项，已经是非常了不起的事。我到底是怎么在把以上事情都基本做好的情况下，还能腾出时间，每天读至少一本书、看一部电影、写一篇文章呢？甚至最近一个月，我还在此基础上，开始边旅游边学习。

我开始静下心来，思考这几个问题：为什么我有时间，你没有？为什么看似没有时间，却可以完成那么多事情？比有没有时间更重要的事情，到底是什么？

1. 那些有时间的朋友

我认识很多"有时间"的朋友。

一个富二代的女性朋友，Kitty。她每天上午 11 点起床，慢悠悠地给自己做一个美美的早餐，拍照，修图，然后发朋友圈，边看着男人们的点赞，边用别人吃午餐的时间把她的早餐吃完。下午出门做美甲，和闺蜜逛街，看电影，晚饭前群发微信给通信录里的所有男生"要一起晚饭吗？"，然后挑最快回复的男生一起晚餐。日复一日。

另外一位朋友，Daisy，在一起 5 年的男朋友狠心离弃了她。原来两个人的生活，变成一个人的生活，每天醉生梦死。她把自己关在屋里，睡到想起来的时候起来，打开手机叫外卖，随便填饱肚子，继续睡觉。睡得实在睡不着了，便起床看几集美剧，偶尔翻看手机里前男友的照片，号啕大哭。这就是她的一天。

细想一下这种所谓的"有时间"和你自己所谓的"没时间"。

有没有发现，其实客观来讲，无论你处于人生的哪个阶段，处于什么样的生活状态，每个人都拥有时间。

有没有时间，更多的是一种感觉，甚至是一种情趣。而很多时候，所谓的"没时间"，也不过是一个我们习惯性的感叹和口头禅而已。

其实，这不是一个"有时间"和"没时间"的问题，这是"会支配时间"和"不会支配时间"的问题，最终甚至是"能支配时间"和"不能支配时间"的问题。

很多人以为"会"和"能"是一回事，简单说，"会"讲的是你知道，"能"讲的是你做到。所以，这儿说的"会不会"指的是你有没有支配时间的客观知识，"能不能"指的是在学到客观知识后，你有没有把知识付诸实践的主观意愿。

所以，你有没有时间不是关键，你会不会用你的时间、能不能支配你有的时间才是关键。

我们都"有时间"，但"有"是不够的，关键是"用"。

人要真正成长，请记住，与其"有"，不如"用"。有才华，不如用才华；有情绪，不如用情绪；同样，有时间，不如用时间。

2. 走出第一步

我们对所谓"没时间"的问题理解得更清晰了，然后，我们试图来解决这个问题。

往往我们试图去解决问题的时候，总会掉进一个大坑：找办法。

但要知道，解决问题的第一步并不是想解决办法，而是意识到问题的存在，并精准地界定（定义）问题。

从小到大，我们一直接受的教育都偏重培养"找答案"的能力，久而久之，我们拥有了强大的答题能力，得出"标准"答案的习惯，与此同时，我们却失去了"思考问题，提问题"的能力。

佛家把意识到问题，界定问题的过程叫觉察。而觉察的最好方法是自我发问。如果你对自己够狠，这4个字还可以改为"自我逼问"。

关于你为什么没时间，你可以向自己提出，并诚实地回答以下问题：

① 每天我的时间都花在哪里？（追问：最主要花在哪些地方？）

② 每天可以把握的空闲时间有多少？（追问：这些时间我都在干什么？）

③ 每天我浪费了多少时间？（追问：浪费在了什么地方？）

④ 我如何才能把每天的时间利用得更好？（追问：怎么保证自己一定做到？）

花10分钟的时间，来面对自己，像看电影一样去看自己的生活，去观察、审视，并把你的答案写在一张 A4 纸上。

权且把我写的这本书，当作你在听我讲课，我不希望只是我说你听，我希望我们能交流互动，更希望你也能真正参与其中，改变旧有的一些观念，从而改变行为和习惯，最终改变自己。

如果你已经写好了答案，那意味着你已经在开始思考你对时间的支配方式，你已经开始意识到问题，甚至察觉到问题出在什么地方，你已经开始了！你已经开始通过"提问题"来"找答案"了。

3. 如何更有效地利用时间

在时间的管理和利用上，有一个简单而有效的客观标准，专业的说法，叫作第三代时间管理理论。

这个理论大致说的是：我们按照事件的重要性和紧急性，可以列出以下坐标，横坐标的正方向表示"重要"，纵坐标的正方向表示"紧急"，反之为"不重要"和"不紧急"。

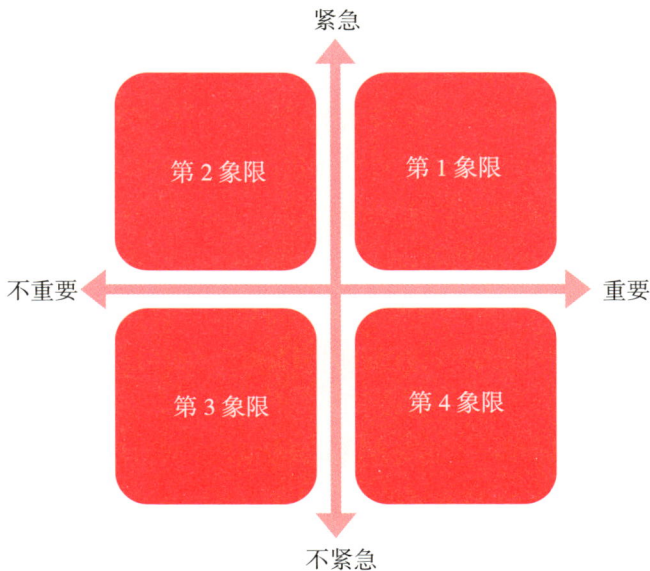

（第三代时间管理理论）

根据坐标，我们就可以把日常生活中经历的事件，分为 4 大类（分别对应 4 个象限）：

第 1 象限，表示"重要"又"紧急"的事情。

第 2 象限，表示"紧急"但"不重要"的事情。

第 3 象限，表示"不重要"又"不紧急"的事情。

第 4 象限，表示"重要"但"不紧急"的事情。

看到这个地方，你可先闭上眼睛 1 分钟，想想在你的生活中，和这 4 个象限对应的事情分别是什么？

然后睁开眼睛，关键来了，我想告诉你的是，坐标这幅图本身不重要，对日常生活事件的分类也不重要，重要的是你如何借助坐标和分类，提出对时间利用更具有指导意义的问题。换句话说，就是在时间的管理和利用上，那个"真正对的问题"是什么？

回到刚才第二部分中的 4 个提问，原来的第一个问题是：

每天我的时间（主要）都花在哪里？

现在加上"坐标"这个"相对客观的标准"，问题马上变为：

- 每天我的时间（主要）花在哪个象限的事情上？

- 或每天我花最多的时间在哪个象限的事情上？

比较一下前后两次自我发问的差别。哪一个会更精准？哪一个会更揭露本质？哪一个会让你更容易得出"正确答案"？

过去我在面授课程中，也会给同学们提这个问题，你知道 80% 同学的答案是什么吗？

"第 3 象限！不重要又不紧急的事情。"

得出这个答案后，他们既惊讶又彷徨。因为他们一直对自己的生活现状不知不觉，直到他们跟着我的引导，提出了上面的问题，得到了以上的答案。

他们才发现，难怪自己过得不好，日子没有起色，人生会平庸，原来自己每天都在做不重要不紧急的事。

你的答案呢？你每天花最多的时间，在哪个象限的事情上？

也许你懊悔，啊，我一直在做既不重要又不紧急的事情！别害怕，最起码，后知后觉比不知不觉好，现在知道比以后知道好，这就是个很好的开始。

但你只是察觉了现状，只有这个问题和答案，还不足以让你改变，我们得紧接着问自己，第二个也是最重要的问题：

● 如果你要改变，你该把每天最多的时间，用在哪个象限的事情上呢？

● 或你该把每天最主要的精力，放在哪个象限的事情上呢？

在课程现场，大多数同学都会脱口而出：第1象限，重要又紧急的事情！

但实际上，在我们日常生活中，真正重要又紧急的事情是非常少的，比如说拉肚子。如果你要花每天最主要的精力、最多的时间来拉肚子，帅帅真心建议你，该吃药了！

要记住，重要又紧急的事情其实少之又少，重要但不紧急的事情才是重中之重。

什么是"重要但不紧急的事情"？这些事情通常在你人生中的某个阶段，起着关键作用，它会影响到你生命中某方面（生活、学业或事业）的提升，但是从现在开始，你有充分的时间去为这件事情做准备。

比如说，你是大一的学生，六级英语考试对你来说就是一件"重要但不紧急"的事情。六级成绩重要，因为它可以在一定程度上，反映你在大学阶段的英语学习情况，反映你英语的大致水平；它是某些大企业面试的敲门砖，它是简历上你与他人优秀程度相当时的救命符。但它紧急吗？不紧急！因为你有将近两年的时间来准备。在这两年里面，如果你把每天最主要的精力，最多的时间，死心塌地放在考试的准备上，成绩好就是必然的结果。

我们换个角度思考，为什么重要但不紧急的事情是"重中之重"？

还是刚才的例子，你知道六级很重要，可是你在大一、大二时都没有准备，直到大三，直到六级考试前的一个月，才翻出真题开始"高强度"复习，结果通常不理想。在这种情况下，因为你的不在意不注意，就活生生地把一件本来"重要但不紧急"的事情，变成了一件"重要又紧急"的事情。

由此，我们可以得出两个重要结论。

1. 如果你每时每刻，总是处理着"重要又紧急"的事情，你就注定不能把这些事情做得太好，因为你没有充足的时间去完成；你的生命和生活质量之低，可想而知。除非你是个天才，不然不可能做出任何良品甚至精品，在这种情况下，一件事情就仅止步于完成，你将无法得到尽善尽美的成就感和喜悦感。有人说，匆忙完成一件事情，我也很有成就感啊！但请想一想，那到底是"成就感"，还是"侥幸"？

2. 如果你生命中真的就存在非常多"重要又紧急"的事情，那必定是你亲手造成的！它们都是由"重要但不紧急"的事情变成的！请马上停止找借口，直面自己，开始面对自己的慵懒、拖延、不负责任，进行调整。弱者找理由，强者找方法，要成为什么人，都是你的选择。

生活的真相是，只要你活着，事情永远多，时间永远少。

所以，并不是每一件事情都重要、每一件事情都值得去做。

做重要的事，永远是最重要的事！

作业：列出在未来3年中，你生命中5件"重要但不紧急"的事情。然后每天付诸行动吧！

日本人的时间哲学

在日本，你1秒钟也不会浪费。

我曾在东京生活半年，让我眼界大开的，是日本人的效率。日本人对待时间的态度，写在他们生活的每一个细节中。

前几年有一部来自日本的书很火，叫作《断舍离》。"断舍离"围绕着一个主题展开：家居整理，扔掉没有用的东西。为什么要整理？本质就是：重新处理和物品的关系，重新调整和物品之间的距离，也节省下来本来要用来找东西的时间。

时间，是日本人最大的普世价值观。快，是日本人的时间哲学。

1. 看的比说的快

如果你去过日本，你该会对那些琳琅满目、大大小小的路牌、指示牌印象深刻。

还记得头一回陪朋友逛银座。

银座不是一座楼，是一片楼，第一次去你会发现每栋楼都极为相像，保准迷路。

我这位朋友没出息地说要买点优衣库的衣服带回国，我说我也没有去过，我们问问人吧。

我正要开口，迎面而来一个灯箱，灯箱上面是一幅刻画细致的地图，清晰地显示了我们所在的位置，和我们要去的楼的位置。我们按图索骥，问题瞬间解决。

陪朋友在优衣库扫货完毕，结账后，柜台的服务员笑容满面，用生硬的汉语跟我们说：欢迎你们再次光临，这是为你们准备的。

我打开服务员递过来的纸，既惊讶，又感动。我发现这张笔记本封面大小的纸上，印着整个银座商业区的地图，就像我们刚看到的灯箱地图一样，清晰地显示了我们所在的位置，除此之外，图上还标示了离开优衣库的路线，最近的洗手间和便利店在哪儿。

我不禁赞叹，日本人果然深谙沟通效率之道啊。他们总结出来了，大多数人如果要问别人"怎么走"或"怎么做"时，其实他们是要获取信息，了解正确的步骤。

因为每个人的表达力和理解力都不尽相同，导致口头沟通的传达，信息无法标准化，效率极低。

你要获取的信息和步骤，很多时候，是说不明白的。说给你听，还不如直接画给你看。所以，最有效的信息传达，就是我画清晰，你自己看明白。

最有效率的沟通，就是不沟通。

你有想过这样的信息传达是多么性感吗？你不用停下来问人，别人也不用停下来回答你的问题，少一次问路，就节省了两个人的时间。

这前提还是你问一个人就成功的情况下，如果第一个人没讲清楚，你再问一个人，就又浪费了一个人的时间。

假设在东京，每天会发生 10000 次的问路，20000 个人的时间就被节省下来了。

这些被节省下来的时间，会被转化为生产力，久而久之，带来的是全社会的进步。

因为重构了沟通的方式，形成了新的沟通效率，直接带来的，是更高的社会效率。

初到日本时，我不懂日语，但凭着看一幅幅的图，我学会了在超市快速结账，学会了买票，学会了坐地铁，学会了在神社如何洗手、如何参拜，也学会了怎样用智能马桶。

我语言不通，却在日本幸福地生活了半年，全因为图示。还是因为这些图示，我后来学会了很多基础的日语，能做到基本的生活交流。

能用图示的时候，就不要口述。这是日本人的第一个时间哲学。

2. 大家快，才是真的快

在日本另一件印象深刻的事，就是排队。

头一回降落日本。提取行李的时候，我习惯性地走到转盘边上等待，突然发现周围的人，都排成了一条条笔直的队伍。我自觉失态，马上跑到离我最近的队伍，紧跟其后。

在日本排队，有一个特点，队伍虽很长，但很快。在国内排队，也有一个特点，队伍虽不长，但很粗。

有一回我认识了日本知名的社会学家村上先生，我问他：为什么在日本，每个人都能自动、自发、自觉地排队呢？

村上先生的回答让我吃惊，他说：日本是一个地震高发的国家。大家从小都受这样的训练，哪怕地震，大家都要排着队，有序地撤离，因为我们统计过,这样的撤离,是最快的。大家心里都知道,要么排队一起活,不然不排队一起死。

所以,大家快,才是真的快,这是一种生死存亡的力量。

的确如此,如果每一个人都能遵守社会的秩序,则每个人都能从这个秩序中获益,直接点说,就是获得效率。还用排队来举例,如果每个人都争先恐后,必定造成有的人快、有的人慢,甚至有的人卡在中间。但如果每个人都自觉排好队呢?结果就是,平均起来,每个人都很快。

就像前面说到大家都不问人,都会先看图示一样,现在大家都排队,对社会秩序的共识和共同维护,会带来真正的社会效率,最终会让这个社会突飞猛进。

日本的社会效率到底可怕到什么地步呢?

再举个例子,Uber 曾想打进日本,就像它想打进其他国家一样,最后发现日本市场根本没有它的机会。Uber 在打进别的国家时,可能遇上政府的阻挠,也可能遇上当地的科技巨头的竞争,不战而败;但 Uber 输给日本的,却是它赖以生存的资本:效率。

这是唯一一个我见过的,用自身社会秩序打败商业效率的国家。什么意思呢?我们之所以选用 Uber 等网约车,最主要是他们快,其他好处可能就是干净、不挤、服务好等。但你想,在日本,交通网络本来发达,社会秩序本来就很好,社会效率本来就挺高,换句话说,他们的地铁本来就很快,公车本来就不挤,想打出租车,站在路边扬手即停,在日本的半年,我还没有试过在路边等出租超过 30 秒。

所以,日本人根本不需要多一个 Uber。在日本,大家都很快,社会效率达到了顶点,以效率为卖点的商业,自然失去了机会。

根据个人的观察,微信和支付宝该多努力一下,去打开日本市场,因为扫码秒付的方式,确实符合日本人的时间利用哲学。

3. 问都不用问，最快

我在很多国家生活过，就说出租车这件事情，应该没有国家能与日本相比。

哪怕是国内出租的专车、豪华车，比起日本的普通出租车，依然有相当大的进步空间。

先不提日本出租车师傅每天会用干净的白布擦拭座椅，并喷上清新剂，不提每天他们都会穿上整齐的制服戴上帽子，也不提他们会下车开门鞠躬迎送。

我就说一个小得不能再小的细节。

第一次坐日本出租车，我落座后排。手机没电，正要开口问师傅借充电线，突然发现，不同接口的充电线用魔术贴贴在了前排座位的背面。

那一刻，我赞叹不已。想起在国内，每次坐专车，都得问师傅，请问有没有苹果的充电线啊？在日本，口都不用开，真的一秒都不会浪费。

最好的服务，就是你不需要开口，但我懂你的需要。

什么是效率？效率就是，问都不用问，直接用最快。

我撕下魔术贴，充好电，下车前重新把线贴回到座位背面。

我用还不太熟练的日语问了师傅一句：师傅啊，为什么你们的车都那么整洁啊？

师傅笑了笑，说：孩子，你的朋友，来你的家，你不收拾一下吗？

清晰、守秩序，还有干净、礼貌、友好，这就是日本人的时间哲学。

没钱，是因为对钱没概念

先问一个问题，请你马上给我一个不假思索的答案。

如果今天你突然得到 500 万，你会去干吗？

如果你的答案是：我要买……

我想说，这很可能就是你没有钱的原因。

你没有钱，赚不到钱，甚至没赚到 500 万，是因为你对钱没概念。

钱的概念一：基本概念

在我的财商课上，我常跟同学们讲：连对钱的基本概念都没有，你又怎么会有钱呢？

什么是对钱的基本概念？

我曾在课上设计过一个小测试，现在也邀请你来完成。请毫无迟疑地回答以下问题（你可以把答案写下来）：

- 1 元能买什么？
- 10 元能买什么？
- 100 元能买什么？
- 1000 元能买什么？

- 10000 元能买什么？
- 100000 元能买什么？
- 1000000 元能买什么？
- 10000000 元能买什么？

从上到下回答，你可能会说 1 元钱可以买老冰棍，买一份报纸，买一包纸巾，上一次公共厕所；10 元可以买花，买菜，买几瓶可乐，到 10 元店里任意选购；100 元可以吃一顿好的，买一件短袖 T 恤，买一个鼠标，等等。

做这个练习时，重点是，你要立刻给出答案，并且一个问题里的答案越多越好。不管你想到的是什么，都是对的；不管你想到的是什么，其实都不重要。重要的是：你到底会在什么地方卡住？在哪一层就回答不出来了？

你回答不出来那一层的上一层，很可能就是你目前的收入等级。

比如说你到"1 万元能买什么"，一下想不出来，那你的月薪，就是上一层，千的等级，可能 5000 元，可能 8000 元，更有可能是 2000 元～ 3000 元。再比如，你到"10 万元能买什么"，一下回答不上来。你的月薪，可能就是上一层，万的等级。

那如果连 1000 元能买什么都答不上来呢？很有可能你还没开始工作，也还没开始赚钱。又或者是你的薪酬就是上一层，百的等级，可能你在做家教帮别人补习，也有可能你在麦当劳、肯德基偶尔做做兼职。如果你回答不出来 100 万、1000 万能买什么，以此类推。

这一份钱能买什么，这一份钱等于什么，就是对钱的基本概念。

每一个做过测试的人，都会惊叹：神准！

为什么会这样呢？原因很简单，因为你从来没拥有过这个钱，所以你对它能买什么，并没有概念；反过来一样，如果你对这个钱能买什么没概念，就证明，你不曾拥有过这个钱。

你赚到的钱，永远不会比你能理解的范围更多。

换句话说，你对钱的理解，决定了你能赚到的钱。你的理解在哪个层级，你赚的钱就在哪个层级。

比如，你都没有赚到过1亿元，又没有接触过1亿元，怎么会对1亿元有概念呢？但真相是，只有你头脑中有了1个亿的概念，你才会拥有1个亿。因为拥有的第一步，就是让头脑先拥有。

任何事物的发生，都始于内心（其实是头脑），终于现实。

这也是心想事成的规律，一个东西要在你生命中出现，它就得在你头脑里先出现，首先"心想"，然后"事成"。

钱的例子也给了我们一个思考：在现实层面要取得更大的突破，就得先突破原有的认知边界。

比如还是刚才说的1亿元，你觉得它离你还很远，甚至你有畏难情绪，那是因为你还不知道原理。知道了原理以后，只要你主动出击，乐于开拓，比如说去阅读相关的书籍和调查，去请教已经做到的人；你去向书本和人了解了1亿元意味着什么，它等于什么。通过探索，通过思考，你得到了1亿元的概念，付诸行动，就会慢慢开始真正拥有这笔钱。

对钱有概念，可以帮你觉察到目前你的赚钱层级，思考如何突破现有的层级，从而迈向更高的层级。

钱的概念二："流"的意识

有了对钱的基本概念，在你获得金钱的道路上就没有障碍了吗？非也！

你会马上遇到下一个绊脚石，我管它叫"流"的意识。

大多数人理解的"钱"是静态的，但真实的情况是，"钱"是动态的。大多数人，只在意现金，却没有现金流意识。

不妨思考，你为什么总会觉得生活过得不太好，或者总为钱担忧？

其实是因为你的现金流，出现了问题。

钱在流动的时候，要么流进，要么流出。如果你是一个朝九晚五的上班族，每个月，你的现金，只有一天是流进的，就是发工资那天。但是，你有没有想过，只要你活在这个世界上，严格来说，你的现金，每天都是要流出的，哪怕只是坐个公交、乘个地铁，更不用说其他更大的支出了。

钱每个月只流进来一次，但每一天都在流出，你能不焦虑、不担忧、不捉襟见肘吗？在这种情况下，能活得好才怪呢！

现金和现金流有什么区别呢？举个例子。

比方说，今天你有 1 万元，这 1 万元就是现金。现在你把这 1 万块进行投资，假设每天可以得益 1 元钱，这每天因为投资而自动增加的 1 元钱，就是现金流。

所以，除了对钱的基本概念外，决定你能否变有钱的，全在于你的现金流意识。换句话说，就是你会不会有意识地为自己创造现金流，让你的钱流动起来。

为什么要让钱流动起来呢？钱的本质是资源，回望过去，所有人类的文明，都几乎起源于流域；人类祖先最早享有的资源，是水；而水也分为静态的水和动态的水。静态的水功用有限，比如饮用、洗衣，唯独当水流动起来，它才能产生能量，产生的能量又通过装置转化为别的能量，带来更大的功用，比如水力发电、水路运输，都是因为水流动起来而产生的效应。

其实钱和水一样，静态的钱，只能被使用，更精准地说是被消耗；而流动的钱，会被转化，被放大。

还是刚才的例子，你拥有 1 万元，你会放在哪儿呢？你会发现，有现金流意识和没现金流意识的人，操作完全不一样。

比方说，我们的祖辈，可能会把 1 万元塞到床底下的小罐罐里，无论这 1 万元放多久，都是 1 万元；搞不好放的时间足够久，还会因为通胀而贬值。我们父母那一辈，可能会把 1 万元放银行，获得一点年利息。而我们这一代，可能会放在余额宝或者一些基金上，获利更高。更先进一点的，投资在房地产上，随着房价的上升，收取的房租也在上升，同样 1 万元产生的效益必将更大。

以上的例子，只有第一个是静态的，其他的都产生了动态的钱；所以，只有第一个没有增值，而其他的钱都因为放对了地方，又"长出了"更多的钱。

同是 1 万元，因为意识的不同，引发行为的不同，最终导致结果的不同。

关键是，你有了"流"的意识后，可能对待金钱的观念都改变了。因为根据刚才的分析，要想变有钱，无非是要做两件事情：1. 要让自己有更多的流入、更少的流出，所谓开源节流；2. 要从现在的主动流入，变成未来更多的被动流入。

这两件事情，如果从意识层面落实到理财行为上，就是要：

第一步，更努力地赚钱，并更多地把赚到的钱存起来，更少地消费和浪费，为下一步积累足够的本金；

第二步，现在你赚的钱基本是辛苦钱，也就是主动劳动而获得收入；你要慢慢从自己赚钱，转变为让你的钱帮你赚钱，也就是把钱放对地方，产生现金流，你不用怎么动，钱都会被动地流进来。

要从第一步跨越到第二步，其实只需要准备好两件事：1. 足够的本金；2. 适度的理财知识和金融知识。这点我会在后续篇目中进一步说明，对于现在的你，光是有这一点意识，已经是巨大的进步了。

请记住，现金流，永远比现金更重要。

钱的概念三："换"的意识

如果你已经掌握了对钱的基本概念，建立了"流"的意识，接下来，就是"换"的意识了。

"换"的意识最早形成，还得归功于我母亲。

还记得小时候，像每个孩子一样，我喜欢买新玩具。母亲也会给我买，但她同时立了个规矩：如果我要买新玩具，就必须把手上已经拥有的一件玩具，先送出去。

不管是送邻居小朋友，送幼儿园同学，还是送我的表弟表妹，我都必先送出去一件，才能买到一件新玩具。

你可能会想，这是母亲想让你"以旧换新"吗？也许吧！但从那时候起，因为母亲的规定，我就知道了一个社会运作，甚至是宇宙运作的基本规律：这个世界，是"换"回来的。

如果你想得到点什么，你必须先给出去点什么。如果你想收获些什么，你必须先付出些什么。如果你想要你从未得到过的，你就要付出从未给出过的。如果你想获得更多，那你可能要准备好进一步的放弃，甚至是牺牲。

人生很简单，就是努力用你有的，换你没有的。

每天想着不劳而获的人，想着运气机会或是钱会从天而降的人，要么就是没有认清世界如何运作，要么就是抱着侥幸心理，两者必居其一。

稍大一点的时候，我开始问母亲要零花钱。

母亲又逮住了机会，说：要零花钱可以，但你打算用什么来换呢？

我说：那我打扫家务！

母亲说：不可以，做家务太简单了，这样，你来帮我做账本吧！

我开始边学边做，那时候，我的每一小时、每一件活都是明码标价的。于是，我又通过做账本，获得了自己的第一份时薪。

母亲一直都让我换，而没有直接给，她让我知道了一切来之不易，所以我倍加珍惜；她也让我知道了，如果我要从这个世界获得点什么，我就必须积攒足够的筹码去交换。

正如这个时代，有人称它是"知识变现"的时代，也有人称其为"行动变现"的时代，意思是，用知识能换钱，或者，用行动能换钱。后来有人一语道破，说：不管是知识变现，还是行动变现，其本质都是价值变现。意思就是，不是你的知识或行动能换钱，而是你提供的知识和行动有价值，这个价值，最后才能变成钱。

但按照"换"的意识，我想了一想，"价值变现"的说法，还不够本质。

有一次，我和朋友晋杭在专车上，正赶路去参加一个慈善晚宴。

晋杭问我：帅帅，你年纪轻轻就赚到了人生的第一桶金，有没有什么重要的经验可以分享啊？

我问他：你想知道什么呢？

他想了想，说：比方说，我怎么能知道自己现在最多能赚到多少钱？因为我想知道自己的能力发挥到极限了没？

晋杭的问题是个好问题，明显经过了深思熟虑。在看这本书的你，也来想一想，你要怎么知道自己现在最多能赚多少钱呢？你要怎么去测量自己的极限呢？如果你认为是知识、行动，或者是价值在变现，你利用这些来赚钱，那结果该怎么量化呢？你能得出一个最终的数字吗？

恰好这个问题，我在多年前就有过思考，并得出结论，于是我问晋杭：如果今天你不打借条，也不答应还款日期，只凭人品，去问你的朋友借10万元钱，也就是让他们无条件地借给你，你至少能问多少个朋友借到这笔钱呢？诚实面对自己，并回答这个问题。

晋杭想了一想，翻开了微信的通信录，数了一数，又算了一算，然后回答我：100个！

我问他：你确定吗？

他说：很确定！

我说：那你现在至少能赚 1000 万元。

我注意到他的表情，看得出来他有点难以置信。为了帮他确认这个答案，我又补充问了他一个问题：我再问一个，还像刚才一样，如果你问朋友无条件地借 1 万元钱，有多少个朋友会借给你？

他想了想说：这个不难啊，1000 个吧！

我说：你看，还是 1000 万！这下你懂了吧？

晋杭恍然大悟。我把当时分享给好朋友的这段话也分享给你：

变现的最终本质，是"信用变现"。今天你能赚到钱，不是因为你有知识也有行动，也不是因为你的知识和行动能产生价值；而是因为，有人相信你所提供的知识或行动有价值，其重点在前 5 个字：有人相信你。

但我们很容易发现身边的很多人，都不懂这个原理和规律。他们在肆意地浪费着他们的信用，特别是在朋友圈，小至集赞换优惠，大至众筹结婚，例子不胜枚举，俯拾即是。

记得有一回，我看到朋友圈又有人"众筹"去旅行。发起人说，自己一直想去一个美丽的地方旅行，行程一个月，需要 5 万元，所以在朋友圈向朋友"索要"每人 1000 元的"帮助"；而作为回报，发起人会给每位提供帮助的朋友，寄明信片和在旅游景点拍摄的精美相片。我看了觉得好气又好笑，想到了 4 个问题，想问这位朋友：

1. 你没钱的话，为什么不努力工作然后赚钱去旅游？

2. 我有钱的话，为什么要资助你去旅游而不是自己去旅游？

3. 你在网络众筹一个以游玩为目的的旅行，到底和路边要饭的有什么区别？

4. 进一步思考，假设你家真的很穷，假设你真的很想去某个地方，再假设你真的众筹成功也去成了，万一你家人身体健康出了状况，需要你筹一笔钱，你觉得你还筹不筹得到？你还好不好意思要？

　　我只想对这些人说，少麻烦别人，多帮助自己，决不做网络乞丐。你的信用，不能随便用。

　　要变有钱，就去掌握钱的基本概念，然后通过努力，储备可以用于交换的筹码，并开始学会珍惜你的信用，建立你的信任度。

　　请记住，金钱是一个结果，而不是过程；只要前面的事都做对了，结果自会翩然而至。

投资思维：利用已有的，换取想要的

有人问过我：什么是你人生中最重要的思维？

我不假思索给出答案：投资思维。

其实，这不仅仅是思维，还是一个关于"如何用好你所拥有的资源"的习惯和策略。所有的人、事、物，所有的时间、财富和健康，你生命中拥有的一切，在使用的时候，其实都是投资。

如果你想把你的人生最大化，在有限的生命当中，创造出不一样的结果，就执行下面这一条：

从今天开始，把你花出去的每 1 分钱，用出去的每 1 秒钟，交回来的朋友，视作投资。

这里说的投资或投资思维，不仅仅是指时间和金钱的利用，还是利用你生命中各种资源的思维方式。只是为了方便理解，我多以时间和金钱来举例。

那什么是投资思维？如右图，它会告诉你投资最重要的 3 步，

风险　回报　再投资

（投资思维三步走）

也会告诉你投资最重要的 3 要素。它会影响到你日后如何运用时间、金钱以及其他的资源，从而把结果最大化。

看一看这幅图，投资思维的 3 要素，我把它画成一个阶梯，它是有先后顺序的，你可以把它理解为 3 步走。第一步叫风险，第二步叫回报，第三步叫再投资。

大多数人说起投资的时候，马上想到的下一个词就是：回报。但这完全是对投资思维的误解。投资考虑回报当然重要，可是先考虑风险，更重要。

投资思维要素一：风险

首先你要考量的是，这个 "投资" 对你而言，有没有风险，有什么风险，因为今天的回报，完全是由你的风险决定的。极有可能发生一种一锅端的情况：哪怕你前面赚得再多，一个巨大的风险，一下子就让你倾家荡产。一个你无法承受的风险，一瞬间就让你多年的努力和积累付诸东流。

投资里有很多坑，最常见的有两个。

第一个，别人投我也投。这是纯粹的从众心理，他们会感觉别人投了他不投，会有损失，殊不知最大的损失可能会来自你的跟风。这个时候别人的决策是理智的，而你的决策是盲目的。因为你没有根据自己实际的风险承受能力，来做出投资决定。

生活中那些别人去做，我也要去做；别人去学，我也要去学；别人有的，我也要有。也跟以上情况类似，决策标准是别人的时候，风险极大。

第二个坑，看不懂我也投。一个游戏在什么情况下你会输得最惨？不懂规则的时候。一个考试在什么情况下你会考得最差？不知道出题规律的时候。

投资同理，股神巴菲特有一个习惯，在每次做投资前，他都会仔细调查他要投资的公司的背景，审阅他们的财报，观察他们在市场上的动态和负面新闻，等等。所以，股神为什么是股神？懂了才是投资，不懂就是投机，不论从决策过程还是从最终结果来看，这种投机与赌博基本无异。

所以，无论是理财上的投资，还是人生中其他方面的投入，牢记我的一句话：在你不懂的时候，风险永远最大。

著名的投资家彼得·林奇曾说过，大多数人会花大量的时间去货比三家，去做那些鸡毛蒜皮、讨价还价的事情，却不会在他们所买的股票基金、在他们做的那个大的投资上，花一点点的时间。

人都喜欢着眼在小事上面，大事却从不在意。把钱往那里一扔就不管了，只投不看，他们没有风险意识，更没有风险管理的能力。所以才会人家投，他也投，看不懂，他也投。

无知，就是最大的风险。

就像前段时间，很多人喜欢投 P2P（点对点）产品，简单说就是一些互联网金融平台上的高回报率的基金。平台宣传的时候，说回报率能达到年化收益率 15%，大家头脑一热，便拿出全副身家往里面投，可大家都忘了回报越高，风险越大。结果平台跑路，数十万人血本无归。

你看着回报率很高，很心动，但你忘了，你赚别人的利息，别人赚的可是你的本钱啊。

无论什么时候，请留意你所做的这件事情里的坑，要学会提前避开这些坑。很多人都想快，但实践的经验告诉我，真正快的方式，不是你学了什么方法跟技巧，而是别人掉坑里的时候，你不掉坑里，这就已经很快了！

投资思维要素二：回报

第二步，看看它有多少回报。不仅要紧盯短期的回报，我的建议是，也要考虑长期的回报。一个真正的高手，不会因为短期的回报而牺牲长期的利益，他会做到兼顾。

根据这 10 年成长的经验和观察，生命中有很多"好投资"，一时半会儿是看不出效果来的，但是长久以往，沉住气，久而久之，量变引起质变，在你身上的体现就是认知的突破、圈层的飞跃。

考虑长期回报的时候，设想一下，你每天投入，3 年后会有怎样的成果。比如，每天把一些时间，投资在一些已经被验证过的长期有效的方面，然后每天保持前进。

就像每天背 10 个单词，保持背 3 年，你会多出 1 万多的词汇量；每天写 1000 字，保持写 3 年，你会写出 100 多万字，相当于 10 本书；每天散步半小时，保持 3 年，你会拥有一个更健康的身体。这些都是相对简单的付出，但长期下来，都会让你收获巨大回报的事情。

这时候，你要特别注意时间和精力，投入在哪些方面，取得的回报最大。因为你的时间和精力是不可再生、一去不复返的，且随着年龄的增长，你的精力也会逐渐减弱。

你必须在年轻的时候，就在各方面，多做一些尝试。尝试的目的不仅是为了发现可能性，还是为了进行筛选。你能发现你擅长的事，天赋之事，更重要的是去界定：哪些事情，你一份投入就会有多个回报；哪些事情，你轻松投入，能够得到超预期的回报。

然后把有限的时间和精力，全用在这样的事情上。

投资思维要素三：再投资

第三步，再投资。经过一段时间的投入，有些方面进步快，有些方面进步慢，甚至有的方面有进步，有的方面没进步，从而你能发现，有些项目适合你，有些不适合。

这个时候，就该在有回报的项目上加码，投入更多，对应地，在回报低的项目上降低投入。比如说，经过一段时间的写作，你发现读者的反馈很好，但你感觉一天 1000 字对你来说太简单了，就投入更多的时间，开始一天写 2000 字吧。

财富方面，同样的道理，哪里回报高，就投哪里；哪里回报高，反复投。

你发现有回报，以后就不断地往有回报的地方投入更多的资源，不管是时间、金钱、精力还是心思，然后它就会产生一个正循环。这个时候你开始用钱来生钱，你把时间精力都最大化，你的钱财会源源不断，你的能力会用之不竭。

简而言之，在再投资的时候，不需要再寻找太多新的项目了，先在你原有的项目上，做加减法。预期回报高的，做加法，回报低的，做减法。

"再投资"背后的思维是：集中力量办大事。

在你成长的起步阶段，各项资源也许都是有限的。你要把资源集中起来，以求发挥最大的用处，因为专注，所以专业。比如说，碎片化的时间集中起来，就是整段的时间，你可以用来看一本书、听一节课、写一篇文章。

再比如说，你想上一堂上万元的培训课，但你钱不够怎么办？很简单，你就把每天零零散散的花费集中起来，好像今天买个微课 9 块 9，明天看个电影 19 块 9，后天买件衣服 99 块 9，你有了明确目标后，都不乱花了，存起来，集中做一次投资。

集中投资，重点在于不多的资源、零碎的资源，整合利用。等发展到一定阶段，反过来，你要学习分散投资，分散投资的重点则在于分散风险，不把鸡蛋放在同一个篮子里。

但我认为，集中投资，在你快速成长的阶段，绝对是降维打击，也是你超越同龄人的快速取胜之道。年轻时，你什么都没有，只有时间，所以我必须告诉你，对整段时间的有效运用，才是制霸人生、立于不败之地的关键。

最后再次提醒，如果你首先能把风险考虑周全，后面的回报是自然而然的事情。平常总有人跟你说，付出越多，收获就越大，这句话其实是骗人的。为什么？不是说那个人不怀好意存心骗人，而是这个表达式既不仔细，又不周全。

真实的情况是，投资得越多、风险越小的时候，回报才会越大，或者才会变最大。这里的投资，就是付出。

在自身发展的阶段，我认为，无论身体还是大脑，投资自己就是最好的投资。把钱花在你的身体健康上面，花在你的大脑建设上面，花在能抵抗岁月而经久不衰的事情上，投入再多也不为过。让自己成为一个有用的人，还有余力，也让自己成为一个有趣的人。

投资，要看本金。而年轻时，你最大的本金，就是那为数不多的钱，还有大量的闲暇时间。年长时，你最大的本金，就是因为你年轻时的正确投入，所产出的那些能力、经验、见识、认知、人际关系等。

如果你知道现在你最大的本金，是你的时间，并且你拥有投资思维的话，也就会更加合理地把时间投资到"更低风险但回报更大并能再次不断投资"的事情上面去了。

人生有无限可能，确实是一句激励人心的话。但是，由于一个人的时间、精力、能力的限制，你能够选择并真正付诸实践直到最后能实现的可能，是有限的。

你过去的人生都是投入，你现在的人生都是回报。为了更好的人生和选择，谨慎做好每一次投资，让每一份本金，都产生收益，让你的每一份收益，成为新的本金。

请记住，你花出去的每一分钱、每一分时间、每一分注意力，都是在为你想要的生活投票。

用正确的方式，打开你的"钱"意识

你常会听到有人说"我没钱"或"我很穷"吗？

还是说，平时你自己就会把这几个字常挂嘴边？

你总是觉得自己没有钱，却从来不问原因。有的人，会觉得没钱的原因，无非就是能力不够。

我想把结论说在前面：你错了！没钱，从来不是能力问题，是认知问题。

钱很重要，对钱的认知更重要，但你有没有发现，从小到大，曾经有人教过你什么是钱吗？好像没有。从小到大，曾经有人教你如何处理、分配、运用获得的钱吗？好像也没有。

你活到了二三十岁，但在金钱上的年龄，可能只有不到5岁。你的"钱龄"，似乎没有跟你的年龄同步增长，最后达到应有的一致啊！

因为你在钱上的认知没有被突破，对钱的意识也没有被打开。人永远低估了"正确认知"的重要性，虽道理浅显，却常常被忽略。

1. 赚钱之道

无论是实际的理财层面，还是观念层面，对金钱的认知，可以分为3个部分：赚、用、存。这3个部分相互影响，相辅相成。

所以金钱的三观，分别就是：赚钱观、用钱观和存钱观。你有什么样的金钱三观，决定了你能拥有多少钱。

在财富积累的初始阶段，你赚钱的方式基本只有一个，就是出售劳动力。出售劳动力的本质，就是出售你的时间。而卖时间，本质就是在卖命。

巴菲特曾说过：如果你只通过打工来赚钱，你就会打工打到死的那一天。

所以，为什么要把你赚钱的方式，放在前面说？因为当你了解了现实，会更有助于你注意金钱的存和用，也更有利于实现你人生的扭转。你需要的是认清现实，而不是任何鸡汤。

现实是什么？现实是，如果你不去注意用钱，也不去有意识地存钱，最直接的后果是钱会被全部花光，而你就只能成为自我感觉良好的月光族、年光族。

月光族和年光族有一个他们自己都难以察觉，也是最可怕的认知误区：钱再去赚就会有的。所以花光了没问题，因为花光了可以再赚。

钱真再赚就会有吗？其实不。假设人生可以用来赚钱的时间，是大学毕业后的30年，又假设你现在正值青壮年，赚钱机会多，钱也来得相对容易。

但恳请你思考一下，为什么你会觉得钱可以再赚回来？那是因为，你假设了赚钱的30年里，你赚钱的能力会不断提升，从不下降。可事实是这样吗？我们就把30年分成3个10年来看，你要知道20～30岁的

10 年，跟 30 ～ 40 岁的 10 年，再跟 40 ～ 50 岁的 10 年，是不一样的。

对绝大多数人而言，前面的 10 年，赚钱能力确实会不断地提升；这种能力，可能在 35 ～ 37 岁之间达到一个峰值，因为这时候你的体能、智力、资源、社会关系等都达到了一个峰值，这些因素的综合作用，会使你财源广进。

峰值之后，就会迎来下降，下降最快的阶段，一般是后面的 10 年。此时你可能有了家庭，有了小孩，生活中有很多问题要解决，有了很多琐碎的事要照顾，你并不能一心一意，把全部注意力、精力都用在事业之上，甚至你不会有余暇，让你的赚钱能力进一步提升。

是的，对大多数人而言，这就是现实。按 30 年来看，赚钱能力在前 15 年，总体上升，而在后 15 年，总体下降。什么意思？说直白一点，就是：你前 15 年赚的钱，在后 15 年是赚不回来的。也就是说，钱再赚，不一定会再有，最起码，也不再会和原来的一样多。

而且，如果这 30 年，你只是靠出售劳动力赚钱，有没有想过，你的劳动力将会越来越不值钱。因为，总有更年轻力壮的人，也就是总有更好并且更廉价的劳动力。这些年轻的劳动力就会把你替代掉，正如现在的你，作为职场新人，会把职场上的老人替代掉。

言下之意，如果在职场的前 15 年，你选择把钱都花光，15 年后你可能得面对另外一个现实：做着一份自己不喜欢的工作，和一个自己不爱的人结婚，过着自己不想要的生活，并每天期盼着自己一辈子都无法拥有的人生。你只能勉强维持生计，苟且偷生。

请问，这是你想要的吗？肯定不是，但这就是现实啊。

现实并不可怕，可怕的是，我们不愿意面对现实。

我们该直面现实，理智思考，并研究扭转之道。

2. 存钱之道

通过以上叙述，你应该懂了，如果你今天 30 多岁，你说自己没钱。这个没钱到底是什么意思？

请正在读这本书的你思考一下：人们常常说的"没钱"，指的到底是"没赚到钱"还是"没存到钱"？他们说的"很穷"，指的到底是"没有收入"还是"没有存款"？

我相信，机智如你，现在一定明白了，他们所谓的没钱，指的都是后者——没存款。

就像前些天，我见了一位老朋友，他是新东方的一线名师，从教 12 年，算是我的前辈。喝下午茶的时候，他轻叹了一口气：我数了一数过去这些年，我是赚到过 500 万的，可不知道为啥，在我银行账户上，却一直没见到过 500 万。

我有点职业的敏感，也有点好奇，问他：那你现在有多少存款呢？

他又叹了一口气：不到 50 万吧！

我接着问：那你有投资一些房产吗？有买过车吗？

他说：不是一直时机都不太对嘛！就没有入手！

我也跟着叹了口气：我懂了，唉！加油吧！

按照老朋友提供的信息，他过去的 10 年虽然赚到过 500 万，但花掉了 450 万，最后剩下了 50 万。所以在我看来，他的过去，其实只赚到了 50 万。

人都有这个通病：赚得越多，花得就越多，留下来的跟原来一样，甚至更少。在我看来，这样的"赚得多"，毫无意义。

把钱留下来，比把钱赚到更重要。而把钱留下来，也比把钱赚到更难。

其实稍微一想，从开始工作那天起，你踏实努力，平均每月存 3000 元，存上 10 年，加上利息，也快 40 万了。这也只是保守估计，假设你更自律，目标更明确，平均每月存 5000 元甚至 8000 元，也是可能的，因为这些例子我都见过，他们也只是上班族。

这笔存款，就是俗称的"第一桶金"。这样到了三十出头的时候，你的人生和月光族的人生相比，必然站在一个全新的开端。而这个时候，这些存款就发挥作用了，因为存钱的最终目的，就是为了积攒本金，用钱来赚钱。有了这笔存款，就能帮你提前结束"卖命的状态"，享受人生更多的自由。

对于在财富积累路上的你，我给你一句口诀，请你牢记：先存后用，先卖后扔。

前半句的意思是你要学会对抗本能，人的本能是有一笔收入，就很愿意马上把它花掉，就像得到食物以后，人会马上吃掉一样。你要延迟满足自己的欲望，改变这个第一反应。

以后有一笔进账、有一笔收入，特别是发工资的时候，第一件事情，就是把其中的一部分先存起来，再去规划剩下的部分怎么用。这个步骤上的微小不同，就会让你发生本质的改变。因为大多数人的所谓存款习惯是来一笔收入，先去用，看看用剩下多少，再把剩下的存起来，而通常的情况是什么也不会剩下。

况且，你别骗自己了，你要知道，你有意识主动存下来的，才叫作存款；用完剩下的，顶多叫作余额。所以顺便想一件事情，为什么余额宝要叫余额宝，不叫存款宝？因为这家掌握了 10 亿人消费数据的公司十分清楚，绝大多数人，是不会有存款的，他们只有余额。

绝大多数人的想法是，一开始工资那么低，钱那么少，存起来有什么用，还不如用掉。你错了，如果钱少的时候你不存起来，钱多的时候你也不会存，因为你没有存钱的习惯。你应该从小事就开始，养成习惯。在你成长的路上，每件小事都是重要的，因为当它们累积起来时，就会变成大事。

先存后用，开始主动存款，就是你的扭转之道。

而后半句的意思是，你要进一步突破认知；我想问，一般你是怎么处理一些很久不用，或者再也用不上的东西呢？大多数人的答案很可能是送朋友。听到这样的答案，我只能说，你好意思吗？自己不要的东西送朋友？你们是塑料朋友吧！我并不是不支持环保，更不是支持浪费，我想说的是：大部分你认为失去使用价值的产品，只要产品本身依然能实现功能，依然能使用，就依然有价值。有使用价值，就会有流通的可能。

大多数人会想，自己不要的东西，别人怎么可能买，其实不然。我目睹过一双二手的球鞋在二手平台上被不还价的人买走，从我的角度来看，是不可思议的。我自己最近开始清理占满了屋子的上千本书籍，我选了个二手书平台，在上面转卖出去，如"多抓鱼"。还有一些抽奖礼物，商家送的我用不上的电子产品，包括一个我自己一直使用的要更新换掉的麦克风，我也放上了"闲鱼"（二手物品交易平台），然后这些物件都在一天内瞬间被买走了。通过转卖二手商品，不仅让我整理了自己的空间，还增加了我的现金流渠道，如你所料，我也把卖二手商品的钱，都通通存了起来。

与其把物品放在一边落灰，不如换成钱存起来，毕竟能增大本金嘛。如果真卖不掉，就再扔掉呗。

赚回来的，可能会被花掉。只有存到的，才是赚到的。

3. 用钱之道

常有人问我：老师，我该怎么理财啊？

我的回答总是：在你存到 100 万之前，最好的理财方式只有两个，我建议这两个同时并行，一是：省钱，也就是降低消费；二是投资自己学习财富和理财的相关知识。

你知道了扭转人生的关键在于本金，而积攒本金的关键，就在老生常谈的 4 个字：开源节流。

开源节流无非两个动作：第一，去赚更多的钱；第二，把赚到的钱，更多地留下来，也就是存款。

但在你事业的发展期，能赚到的钱是有限的，起码不能一蹴而就，所以事实上，开源十分困难。这时候，为了能让更多的钱留下来，只能节流。

像我常说的，怎么花钱，真决定了你有没有钱。

我发现大部分人年轻的时候，钱都浪费在了两件事情上，一是吃贵的，二是买衣服。但你可能没有想到，吃多了会胖，衣服很快会折旧，这两个基本是无意义的消费。现在还有第三件事，就是所谓知识付费，很多人开始忽悠你付费，叫你"不计投入、不求回报地把一切投资在学习和成长上"。说这话的人要么连最基本的投资常识都没有，要么就是费尽心思套你的钱。如果你承认学习是一种投资，肯定得计算投入和回报啊！所以，你得小心谨慎，看好你现在的钱，因为那是你的未来。

我的建议是，发展阶段，就全心全意用在发展上吧！没必要吃米其林，健康有营养就行；没必要穿一线大牌，得体舒服就行；更没必要学那么多，一年有一小部分的收入放在学习上，加入对的组织，上一个对的课，看几本经典书籍，保持前进就行。

对于合理用钱，帮助节流，我总结了几条原则，践行即可：

① 买你需要的，而不是你想要的。

多想一下，东西买回来，是不是现在或是不久的将来就能用上？如果不是，坚决不买。喜欢的东西有很多，想要的东西也很多，抛下一些物欲和执念吧，那个东西只要你用不上，它在你家放着和在店里面放着，根本没区别。如果你说，可能以后要用呢？那就用得上的时候才买。

② 杜绝冲动消费。

智力发展的其中一个维度，就是一个人的自制力，和一个人延迟满足自己欲望的能力。商家会用尽办法勾起你购买的冲动，请不要因为折扣和低价而购买，价格低不低和你买不买，没有关系；更不要因为购物节购买，如果当时真的很喜欢，先放到购物车，一周后再回到购物车看看，你就会发现，可以删除很多当时的"冲动"。

③ 别花未来钱，要为未来花钱。

所有的未来钱，都是假的。尽最大的可能不要贷款，不要刷信用卡的额度。你要谨记4件事：第一，只要是要还的，就不是你的钱。所以借回来的，信用卡的钱，都不是你的钱。第二，只要你要还银行钱，你就有部分劳动力是属于银行的，你不仅帮你老板打工，你还在帮银行打工。第三，人都活在惯性中，借钱容易产生惰性，更容易进入一种"欠钱—还钱"的循环，冥冥中你的内驱力就会改变，以前你有赚钱的动力，现在你只有还钱的压力。第四，如果你一直在还钱，你就不可能有任何存款，扭转人生也会成为奢望。

④ 开始把消费变成投资

投资思维要时刻上线，考虑你将要买的东西会成为你的资产，还是你的负债。简单来说，就是考虑这个东西买回来以后，会在你的目前人生阶段中，做加号还是做减号。做加号，就是投资；做减号，就是消费。对于日常生活的消费，我有一句口诀，里面包含了方法和明确的行动指标：降一级投资，降两级消费。比如你是万元级别的收入，就按千元级别来投资、百元级别来消费。你是千元级别的收入，就按百元级别来投资、十元级别来消费。以此类推。当然，千元和百元的级别可能不会有什么好的投资项目，那就存起来，存起来也算投资了。

⑤ 消费时，警惕后续费用

对大部分人而言，每年难免有1～2次大额的消费。这些消费除了注意上述几点外，还要特别注意大额的消费会不会产生后续的费用。比如，你买了台车，后续要付停车费、保养费、加油费，还要还贷款。又比如，你买了单反，后续要换镜头，价钱不菲。再比如，买了条狗，后续要洗澡、护理、买狗粮，每月会有相对的固定支出。这些后续的支出，你能否承担，承担时又是否能够承受住相应的压力，都需仔细考虑。

⑥ 别炫富了，真正的富都炫不出来

下次你在朋友圈，见到炫富的人，不用羡慕更不用妒忌，更不要跟风。因为，大多数时候，只有他们自己感觉是在炫富，但在真正富有的人眼中，这些人是在炫穷，甚至是炫蠢。但是，如果你真觉得他们在炫富的话，甚至觉得他们富的话，就真要多找找自己的原因了。你要有志气，也要有贵气；一栋房子、一台车、一个包，甚至只是一台 iPhone（苹果手机），怎么可能成为你的身份象征呢？你的价值，才是你的身份；你的身份，才是你的象征。所以，你的价值，才是你需要花时间、花钱、花精力的地方啊。

还是一句话，踏实努力吧，多赚钱，少花钱，存点钱。

真要花钱的话，请记得它最正确的使用方式：

买时间，而不是目光。

买资产，而不是负债。

买你需要的，而不是想要的。

另外恭喜你，读懂了这一篇，你就要开始变有钱咯！

PART

6

处理好自己与他人的
关系，才能赢得世界

没有消极情绪，只有对情绪的消极认知

认识你自己，是一个永恒的话题。

我们可以思考和发问，来认识自己，也可以通过外部世界的反馈，来认识自己。

但这样就能足够认识自己了吗？也许未必。

在我们的灵魂或记忆深处，有一些不可碰触，或者说，你不愿碰触的部分，比方说，恐惧。

人学一切东西都学得很慢，唯独恐惧，学得最快。

举个例子。假设有一天，你踏进电梯，门关上后，电梯突然从 20 楼，迅速地坠落。电梯的保险开关及时打开，最后你幸运地活下来，这时候，你就留下了一个恐惧的印记。可能很长的时间里，你不会再去乘电梯了；即便你之后缓过来，终于鼓起勇气，再一次踏进电梯，你仍会心有余悸。

恐惧不仅学得快，学了还不容易忘记。甚至有的人，一辈子就活在恐惧的记忆中。这些恐惧，会成为他人生的最大限制。

我曾经有一例咨询个案，小希，年近 40 岁的她，仍然单身，因为她有一个听上去诡异却十分严重的恐惧：害怕看见戴黑框眼镜的男性。

每一次见到戴黑框眼镜的男人，她都分外紧张。一瞬间，她会心跳加速，汗流浃背，如果她和这位男士距离很近，甚至会全身发抖。

有几次她去谈对象，一开始都很顺利，但一旦对方拿出或戴上了他们的黑框眼镜，她就会开始"发作"，这种奇怪的表现，也让后续的发展无疾而终。小希很痛苦，也很不解，她不知道为什么会这样。

我帮她做了几次催眠，回溯她的过去。一开始，小希并无异常，随着催眠的深度慢慢增加，小希开始全身发抖，不断喘气，她眉头紧皱，额上接连冒出豆大的汗珠。在催眠的状态下，显意识下去，潜意识上来，很多原来忘记了的事，开始一一浮现。

我坐在小希的身旁，带她进入最深层的记忆，领着她回到过去。我逐一询问、排查、引导，小希越来越放松，也越来越打开，直到碰触到了她那段封存已久的记忆。

原来在她四五岁的时候，大人要去上班，就把小希放到托儿所。每到中午，小希睡午觉的时候，都有一位叔叔，对她格外地热情。记忆中，叔叔时常抱她、亲她。叔叔有时候还会把她放在大腿上，然后把手伸进她的裙子里。当时她并不知道发生了什么，只知道自己很不舒服，有一种"生病了"的感觉，想要逃跑，又无法挣脱。

小希还在深沉的催眠状态中，她看到的是她深层的记忆。我看到的是她脸上逐渐增加的恐惧，越发强烈的身体反应；我抓住这个机会，跟她说：小希，你别怕，我都在，你很安全，现在你抬头看一看，这个叔叔长什么样呢？小希说：脸已经看不清了，但很清晰的是，他戴着一副黑框眼镜。

恐惧的源头被找到，我用催眠的方法，帮小希清理了这个恐惧。原来让小希一直恐惧的，并不只是戴黑框眼镜的男人，还有这段可怕的记忆。

小希活在恐惧中，直到有一个引爆点，把她掩藏的记忆炸出来，随之被激活的，还有当年的恐惧。

很多恐惧的人，只是不知不觉地活在了恐惧的记忆中。记忆可能被埋葬，也可能被遗忘，但恐惧，却一直都在。

在我们成长的过程中，无论是家庭、学校、社会，还是我们自己的经历和体验，都或多或少会在我们记忆里，种下恐惧的种子。很多人想去克服恐惧，但是你有没有想过，人为什么恐惧呢？恐惧的种子又为什么会被种下呢？

其实，恐惧不需要被克服，只需要被理解。我们以为恐惧来自未知，事实上，恐惧来自无知。我们不了解恐惧，所以我们才恐惧。

正因为恐惧来自你的大脑，来自你的身体，来自你的心，或来自与外界事物的接触，简而言之，恐惧都来源于你自己。

如果你能重新认识恐惧、理解恐惧，你的恐惧就会逐步减少；仅仅是理解的本身，就足以让人突破了。光是从"不知道"到"知道"本身，就已经重塑认知了。而且，当你尝试去理解的时候，感性脑下去、理智脑上来，这个"认识、思考、分析和理解"的过程，便会让恐惧感逐步减弱。

头脑的运作机制就是如此简单：你用注意力来思考，你就没有注意力凌乱。你用注意力来期待，你就没有注意力恐惧。

心是个容器，悲伤装太多，快乐就没有空间了。

总而言之，降低甚至消除恐惧，有3个简单的方法：重新定义，理解系统，脱敏训练。3个方法的本质，都是对恐惧的重新思考、认识和理解。比如，人活着的时候，有三大恐惧，分别是：①恐惧失败，②恐惧分离，③恐惧孤独。

对失败的恐惧，是绝大多数人的限制性信念。这个信念会让我们止步不前，会让我们因为"恐惧失败"而停止尝试去探索更多的可能性。

那害怕失败的根源性原因是什么呢？是你真的会失败吗？显然不是。

原因是，你定义了什么叫作"失败"。你身边的同学、朋友、家人，甚至老师，无时无刻不在鞭策你，无时无刻不在渴望你终有一天会成材、会成功，反之就是失败。于是，你头脑中便有了"失败"这个负面的词汇，有了对"失败"的定义，自然也产生了对"失败"的恐惧。

所以，我们用重新定义的方法，恐惧就会不翼而飞。我们可以把所谓的"失败"，重新定义为"经验"，你经历的每一次未成功，都是经验，而经验的最终目的，都是为了让你离成功更近一步。

如此一来，没有所谓的"失败"，自然就没有对"失败"的恐惧。

其实，哪有什么所谓的失败呢，只是结果暂时未如理想，这一切，都是经验；而你需要记住的是，这个世界上，没有无用的经验。

这些经验都在尝试教会你点什么，以便让你成长得更快、做得更好。

这种定义和理解的方法，你可以举一反三地辐射到生活的方方面面。比如你和心爱的人分手了，跟朋友倾诉时，你会说：我失恋了。然后你会觉得很痛苦。

"失恋"这个描述，说白了，就是你认为你在恋爱上失败了。有"失恋"，当然有"失恋"对应的"痛苦"。如果你不再用"失败"来定义，而用"经验"来定义呢？结论就会变成：恋爱，要么得到，要么学到。你发现了吗？不管是"得到"，还是"学到"，你都得到了。

有没有发现，你已经不恐惧失败了！因为你已经重新认识了失败。那对分离和孤独的恐惧呢？要知道，人只要活在这世上，他并不是单独地活着的，他总是以各种方式和万事万物连接着。如果你能正确理解这句话，你就会知道：世界上没有真正的分离，我们总是连接着。

哪怕你只是独自在家里，躺在沙发上，看着这本书，你孤独吗？并不！你看，你与沙发连接着，你与我连接着，你也与成千上万同时在读这本书的小伙伴连接着。你以一种连接的方式活着，你并不孤独。

我曾在微博上说过：想要走出平凡，必先走进孤独。这儿说的孤独，更多的是一种自我观察的状态，意思是你要变得与众不同，你必须享有一段不受打扰、独自努力的时光。而独自努力，通常倍感孤独，但是，只要你想一下，这个地球的 60 亿人里面，一定有一个人，他在远方，他在异国他乡，他像你一样，付出着如你般的努力。如此一来，你便不再孤独。

认识了自己，理解了自己的系统，再用这个系统来理解分离、孤独，你就知道：世界上没有分离，你也不会孤独。这时候，你看看，你还恐惧分离、恐惧孤独吗？

说到恐惧时，还有一种恐惧，是对一个具体事物的害怕。比如有人说，我怕狗；又比如有人说，我怕当众做演讲。解决的办法是脱敏训练，全称"系统脱敏训练法"；这个方法的原理是：循序渐进地降低人对某个事物的恐惧。

我的发小迪迪，她怕狗，从小到大，怕了 20 年。只要把狗带到她的面前，她就会浑身颤抖。我怎么帮助她呢？

一开始，我给她看看狗的图片，她觉得挺可爱；然后，我给她讲一些狗狗的故事，她觉得有趣；进一步，我带她去看忠犬八公的电影，她泪流满面；接着，我带她实地看看狗，但只是远远地看，让她听听狗叫、看看狗跟主人们的互动；最后，我牵来了我家的秋田，她一开始有点犹豫，不敢碰；谁知道傻秋田一过来，就卖乖蹭腿，她后来竟不自觉地伸手摸摸了它，秋田也很配合地做出一个舒服的表情。

一个月之后，她已经不再怕狗了。她还养了一只萨摩耶，每天生活在一起。

你很难想象，一个月前，迪迪见到狗，害怕得半死不活；现在的她看到狗，爱得死去活来。

不妨想象一下，如果有一天，你也能放下你生命里的一个恐惧，你的人生会打开怎样的可能性呢？甚至，如果有一天，你所有的恐惧都消失了，你的人生将会怎样？你是不是能用更优美的姿态，去拥抱你的生命呢？

而解决害怕演讲的问题和害怕狗的问题一样，只需要循序渐进地降低恐惧。当然，如果这个人只是"害怕演讲会失败"，就用上面说的"重新定义"好了。

现在，你就可以马上利用上面提到的方法，来检视自己，帮助自己降低在某方面的恐惧了。

你总需要做点什么，才能让自己更进一步。要是你问：我可以用这些方法来帮助别人吗？当然可以，但请记住，帮助别人有一个前提，就是：对方愿意接受帮助。你没有办法叫醒一个装睡的人，更没有必要去叫醒一个真睡的人。

凡事都有其真相和本质，我们需要的是发现和深思。

而恐惧的真相是：大多数你害怕的事情都不会发生，绝大多数你害怕的事情都不存在，而所有你害怕的事情，它的本貌其实都不可怕。

记住，恐惧是学会的，我们同样能学会的是，不再恐惧。

而你的本真，就是无所畏惧，你的本能，就是无所不能。

这个世界上，哪里有什么消极情绪，有的只是对情绪的消极认知。

当世界向你传达恶意

朋友问我，如何应对世界给你的恶意？

我告诉她，很简单，了解这几个"并非"就可以了。

1. 你并非没有选择

在哈根达斯见到了好久不见的小丁。

我一屁股坐下，说：最近怎么样？

话音刚落，小丁眼泪突然掉了下来，我吓了一跳，边递纸巾边问：怎么啦？压力太大啦？还是失恋啦？

小丁满脸委屈：最近什么事情都不顺利，总被领导骂，背后还有一群不嫌事大、说三道四的同事！

看得出来她心烦，我试着引导她：这个时候，你有什么选择呢？

她不太肯定地说：我可以选择留下，也可以选择离开。不对，我没有选择。这个世界再也不会好了。

她越说越乱，越哭越凄凉。

我斩钉截铁地说：肯定不是！你并非没有选择。

小丁擦了擦眼睛，疑惑地看了看我。

我跟她说：

你不能选择晴天，但你可以选择心情。

你不能选择遭遇，但你可以选择理解的角度。

你不能选择别人的脾气，但你可以选择自己的态度。

无论是生活，还是工作，只要你想选，永远有更好的选择。

她似懂非懂地点了点头，我跟她继续分享我的故事。

2. 这并非你的错

还记得，2009 年，我开始在新东方授课。到了 2015 年，我开始上网络的直播课，那时候我非常刻苦，一年上了近 3000 小时的直播课，名气、口碑一时无两。

与此同时，作为一个胖子，作为一个老师，我遭受了惨绝人寰的"网络暴力"。开始的时候，有人说：老师，你的课讲得很好，可是你长得真胖！

当有一两个人这么说的时候，我不以为意。当越来越多的人这么说的时候，我意识到了问题的严重性：这个世界上，坏人真的越来越多了。

还有另外一批同学，他们总是攻击你说：老师，你的课讲那么好，怎么不免费呢？

我很茫然：我的课讲那么好，为什么要免费呢？

到了 2016 年，我的口碑达到一个顶峰。

我一位同事眼红了。他是我的前辈，开始暗地里中伤我，他说：小帅最近膨胀了！

这话后来传到我的耳中，我心想：如果你说我膨胀了，那你到底是有多膨胀。

他的名字，我就不说了，因为这样不好。

后来这个人还说：他上网课，不就只是为了赚钱嘛！

我心里觉得好气又好笑，如果我赚钱了，我劳动我光荣，又有什么错？

更何况，教学确实是我的兴趣，我热爱分享，也热爱讲课，我享受学生由一窍不通到恍然大悟的过程，喜欢看到他们脸上因满足而喜悦的表情。

但问题是：为什么他会这么想我呢？原因很简单，因为他自己就是这么想的。他教课，就是为了赚钱。

生活就是这样，你恰好有的东西，别人没有，他们就会眼红，就会妒忌。甚至把你所拥有的这个东西说成坏事，把你变成坏人。

其实我想问，当你被骂的时候，你有没有想过，你为什么被骂？是世界冷酷无情吗？是你不够努力吗？是你活该吗？都不是！

大多数情况下，你被骂，那是因为你牛！你的存在，对别人的存在构成了威胁，而且很可能这种威胁只是他幻想出来的。当他一下子又无力反击的时候，就只能出此下策：骂你。

他试图从语言中获得一种优越感，制造出一种已经打败你的假象。所以，做人要有自信。如果非常肯定自己很牛，或笃信自己终将很牛，那现在在骂你的，一定很傻。

对待傻人，自然有对待傻人的方法。记住这一条：同意傻人的一切言论和决定，让傻人变更傻。

往往当你不反驳的时候，同意他的时候，他就没话了。下次有人对你发难：你这个××！你大方回应：你说得对。

这回答里面蕴含着极大的勇气、胸怀和格局。潜台词里就告诉了那个把你视作假想敌的人：哪怕只是在语言上，你也无法影响我。

你被骂并不是你的错，只是因为骂人的人在妒忌你。那些骂你的人，说三道四的人，不就是想让你过得不好吗？

不要想改变讨厌的人，也不要被自己讨厌的人改变。

对待他们的最好方法，是你持续努力往前走，直到你的世界再与他们无关。

3. 他们知道的并非真相

又过了一年，我变得更火了。

这个时候，不仅是一些同事，一些学生也无缘无故地眼红了。

有一个学生跑来我的微博留言说：你不就是个老师吗？除了讲课好，有什么厉害的。谁不会讲课啊！你学学人家 M 老师。

我跟他说：你说得对，我就讲课还可以。

如果你要各方面都厉害的，可以找 M 老师。他除了讲课以外，其他方面都蛮厉害的，特别是颜值和跳舞。后来这话传到了 M 老师的耳中。我觉得我明明是说实话，明明是在夸他，可是 M 老师居然愤怒了，然后开始组织他的粉丝，给我的课程留下了几百个差评。

没想到，M 老师长着男人的身体，却装着一颗少女的心，不仅敏感，而且泛滥。每逢讲座，他都会告诉听众，自己永远 17 岁。我觉得承认自己在成长，接受自己在变老，也没什么不好。可能是我太理智吧，我一直认为，只有一种情况，才会永远 17 岁，就是死在了 17 岁。

一个不愿意接受现实真相的老师，有一群不明真相的信徒，并不奇怪，也不重要。

重要的是，你要记住，你被说了，可能只是说你的那个人无知。他们搞不清楚状况，他们知道的并非真相。

他们不知道，讲好一节课，要有好的思维逻辑，要有好的语言表达，还要有好的临场表现，搞不好还需要一点天赋。但好玩的是，他们从未做过，却觉得非常简单；他们从未做成过，却觉得没有什么了不起。

像我常说的，"自己亲手做过再评价"，是世界观，是价值观，也是方法论。

如果你觉得一件事很容易，甚至容易到你不屑于去做，很可能只是因为你从未亲手做过而已。

有人埋头苦干，有人仗剑走天涯，也有人用键盘征服世界。

无论如何，开心就好，时间总会告诉你答案，现实也总会给你真相。

4. 劫难并非偶然

刚才说的 M 老师，其实他很有才华。隔三岔五，他就会写出几个惊世骇俗的句子、段子，配上几幅自己用 photoshop 软件处理过的截图，再加上各种神逻辑，放在各种平台上开骂。

而被骂的人，正是我。他在骂人的时候，还会屏蔽掉一些领导和同事，以维持表面上正人君子的形象。也正因如此，所以往往等到我知道被骂的时候，总是最后一个。

正常人被骂，一般会有两个应激反应：要么绝地反击，要么顾影自怜。

我的反应比较奇特，当他说的话、写的字传到我面前时，我反而很佩服他的创意，心里想：用在骂人上，太可惜了！

我有被伤害到吗？显然没有。

因为，请记住，没有人可以真正伤害你，除非你自己允许了。

自信和勇气，是应对一切谩骂、威胁、轻视、闲言碎语的最好方法。

Confident people never get hurt. （自信的人，永远不受伤害。）

记得有一次，回家的路上，我遇上了拦路打劫。

在昏暗的巷子里，歹徒握着明晃晃的刀，说：把钱都拿出来，不然捅死你。

一般人第一反应肯定是害怕，第二反应肯定是交钱，或者还会像电视剧剧情一样，在最后补一句：我什么都没看见，别杀我。

那时候，我说了一句连我自己现在都觉得后怕的话。

我说：来吧！

我分明察觉到歹徒脸上的错乱，他可能在想，这人怎么这样？又可能在想，这人是有毛病吧？

就在他错乱的瞬间，我夺过了刀，最后他落荒而逃。

要知道，不怕死的人，是最可怕的。

劫难并非偶然，如果没有劫匪，我不知道自己的勇气。如果没有中伤，我不知道自己的强大。那些杀不死你的东西，没有让你变得强大，而是它们让你意识到，你本来就是强大的。

这些东西都不是偶然，而是被安排在你生命中的某个节点、人生中的某个阶段，来提醒你，你本来就拥有什么。

世界上没有什么是不合理的，只有不合理的期待。

所以，别期待问题会马上消失，而期待自己因此而变得强大。

5. 沉默并非怯懦

当然，我们还可以选择一种应对的方式，就是沉默，不回应，也不接受。

我曾去拜访一位老和尚，问：师父，如果有人骂你、攻击你，该怎么办呢？

师父定了定神，突然说：如果我给你一坨屎，你要吗？

说着就把手伸到了我的面前，我说：当然不要了！

师父笑笑说：那你说，如果你不要，屎在谁的手上？

我恍然大悟。

是的，要是你很清楚自己要的是什么，就直接排除这些干扰吧。别人怎么看你，怎么骂你，怎么评价你，与你何干？你有目标，有志向，又何必理会这些闲言碎语呢？

世界太大，有喜欢你的人，也必定有讨厌你的人。可时间太少，我只愿意把时间花在美好的事物上。

我很清楚，我来到这个世界上，要栽种鲜花，建造属于我自己的花园。当我的花园里长出杂草时怎么办？很简单，把草连根拔起啊。

这是我现在的应对方式，因为拔草最省劲，只花一点的时间和精力，花园就恢复本貌。而我也不会浪费时间在杂草上，而忘记了我的初衷是要建花园。

所以，上回有人在我微博评论区大放厥词。删掉！被删除信息的人很生气，再次评论："你怎么这样！怎么可以删评论！"继续删掉！

有时候我也会感恩这些不美好，因为正是它们，恰恰提醒了我，要加倍珍惜那些美好的存在。

人生短暂，只和自己喜欢的一切在一起。时间有限，只在乎那些在乎你的人。

6. 你并非一个人

有位可爱的同学问过我：老师，我怎么才能被这个世界温柔对待呢？

我跟她说：其实，比被这个世界温柔对待更重要的，是和自己握手言和！

你觉得世界对你不够好，说白了，就是你对自己不够好呗！

你觉得这个世界不够爱你，其实是你不够爱自己。

你总是想太多，你总是太在意别人怎么说，怎么看。然后哀怨道：为什么受伤的总是我？

让你受伤害的，不是那些人、事、物，而是你对那些人、事、物的看法。简单来说，你觉得这个是伤害，这就是；你觉得不是，就不是。

还记得刚才提到的骂我的老师吗？从进新东方那天他骂我，我欣然接受，从不辩护，到我离开新东方，可以去追逐自己的梦想了，他还在骂我。他活生生把自己封印住了，留在了新东方，留在了谩骂中。

我最终选择原谅了他，因为后来我发现他不是针对我，他对身边的每一个人都一样，包括他的老婆和孩子。

无论发生了什么，你都不是一个人。

所以，这一次，和自己讲和，抱抱你自己，好吗？

讨好型人格：别讨好了别人，讨厌了自己

1. 讨好型人格

昨天我的朋友思思来问我：我有一个麻烦，不知道怎么办？真的头都大了。

我问：怎么了？

她说：我的朋友开发了一条旅行线路，请我帮个忙，让我去菲律宾当一周的翻译，顺便和政府谈判。

我问她：那他付你翻译费用吗？

她吞吞吐吐：他也没说要付，就说想请我帮忙，也让我可以免费在芭堤雅旅游和学跳伞。

对啊，请你帮忙？就是不付钱咯！

看到她难为情的样子，我继续问思思：你和你的这个所谓朋友，关系应该没有好到这份上吧？

她说：没有，就是另外一个朋友介绍的！

我问：也就是说，这个忙不是非帮不可咯？最起码，不是非你来帮不可咯？

她有点委屈，点了点头。

我不解，于是问她：那你纠结什么呢？直接拒绝不就好了？

她说：我总觉得拒绝不好，更何况我答应了，现在更难拒绝了。

我很惊讶：怎么答应了呢？

她说：他当时跟我说了这么一事，然后问我可以去吗？我就说可以吧。

我有点无语：现在情况很简单了，一开始，你没有拒绝；然后你考虑清楚后，发现不想去，又不好意思拒绝。你看，多么美好的一个下午，多么美好的时光，都被纠结毁掉了。

你啊，就是典型的讨好型人格！

讨好型人格，心理学术语上又称为"迎合型人格"，通俗解释就是我们常说的"好好先生""老好人"。

2. 不善于拒绝的我们

1 月份的时候，突然想起一位朋友好久不见，我打电话约饭。

我问她：最近怎么样啦，啥时有空出来吃个饭？

她说：我哪有什么时间啊，每天忙得焦头烂额的！

我觉得有点奇怪，因为当初她这份工作是我帮她参谋的，看中的就是朝九晚六这样稳定的上下班时间，让她可以在下班后依然能腾出时间、精力，来进一步提升自己。

我接着问：如果没记错，你应该到公司 9 个月了吧，工作该都上手了。而且按照你的工作性质，不至于那么忙啊？！

她说：是啊，我自己的部分，通常半天就完成了。但是，帮同事的部分，得花 2 ~ 3 倍的时间。

我说：怎么还帮同事了呢？

她说：可能她们觉得我能干吧，就把手头上的工作都分我一些。大家那么信任我，我不敢辜负，也不好意思拒绝，就都接下来了。

我想，是信任你？应该是看你好欺负吧？

我就问：那大家对你的印象如何呢？

她说：大家都觉得我善解人意，也懂得照顾别人感受啊！好啦好啦，我先不跟你说了，我要到楼下便利店买个饭，不然关门了。

我没再说什么，挂上电话，看看表，已经是九点半。

卡耐基说过，人性有很多的弱点，其中一个就是不善于拒绝别人。

他还在书中教导大家，怎么去利用这个人性的弱点呢？很简单，如果一个人已经拒绝过你一次，就基本没有办法拒绝你第二次了。因为，人真的很不善于拒绝别人。

但是，每一次你不拒绝别人，都是在拒绝自己；每一次向外的讨好，都是向内的背叛。每一次你恭维别人多一点，都会毁掉自己一点点。

3. 被驯服的狮子

不知道你有没有听过，马戏团是怎么驯兽的？

从前马戏团里有一只小狮子，为了驯服它，马戏团团长准备了两个工具：鞭子和棍子。

棍子立在小狮子的身旁，上面有一根结实的绳子，系在小狮子的腿上。小狮子想要自由，想要出去玩，但无论它怎么挣扎，都无法逃离绳子的束缚。当它试图把绳子咬断的时候，迎来的将是团长的鞭子。

5 年后，小狮子已经长大，变得强壮，但只要马戏团团长用童年的小木棍把它拴住，并拿起鞭子，它就不敢再有任何挣脱的念头。

就这样，一只狮子被毁掉了！小狮子最终没有长成大狮子，它变成了一只大猫。拴住它的不是现实中的小棍子，而是心中怕痛的阴影。

一个人在他小时候，需要通过顺从来避免恐惧和痛苦；这种顺从长大后，就会变成一种复杂的讨好型人格。

一个讨好者的内在，是一个过度敏感和脆弱的小孩。他们一边讨好别人，一边又独自承受着背后的累和委屈。

他们总能非常敏锐地洞察到他人的需求，也几乎难以拒绝任何人的请求；而他们自己，好像是一个完全没有需求的人，哪怕别人已经碰触到了他们的原则和底线，他们也能一忍再忍。

讨好的根源是害怕，是害怕别人觉得你不够好。

而讨好别人，还有一个重要的表现，就是不讨好自己；你总觉得是自己错了，所有事情，都是自己的责任。

4. 你不用吃力，因为不必讨好

记得有一回，我和朋友聚会完，碰上一个女孩。凌晨时分，她蹲在三里屯街头的寒风中，号啕大哭。

光是听她的哭声，也能让人肝肠寸断。

我走过去，蹲下问她：姑娘，你怎么了？

她撕心裂肺地哭着，含混不清地说：我男朋友出轨了，他偷偷跟别人在一起了！他们一起都 3 个月了，他以为我不知道，今天还向我求婚，我拒绝了……

我很同情她遇上了渣男，但也希望她振作起来，于是问：那你到底在哭什么呢？

她哭得更厉害了：我觉得自己很笨啊！

我递上一张纸巾：你怎么就笨了呢？

她说：我一直想自己到底哪里做得不好，甚至是哪里做错了，他才去找别人的！我很努力了，可怎么总是吃力不讨好……呜呜呜……

我心想，明明不是你的错，是他的错啊！

天气确实冷，我把她拉到了一边，再拿出几张纸巾，告诉她：我得回去了，你也别哭了。直觉告诉我，你很好，但你的好，也要有人懂啊！

我们总会担心，甚至害怕：吃力不讨好怎么办？

但我想说的是：你不用吃力，因为不必讨好。

你不需要老戴着好人的面具，做着让别人满意的事情。因为你能不能被别人喜欢，很大程度上，不是因为你好不好，而是因为：你是不是你自己。

并且，所有的好，从来不需要讨；你好不好，取决于那人懂不懂你的好。

5. 与他人无关的世界

我的一位好朋友，热情导师 Janet（珍妮特），有一回做个案咨询。

来访者是一位有多次情感失败经历的女孩。在感情中，她总是一个讨好者，她总是那个付出多一点的一方，每一次她都竭尽全力，每一次她又都精疲力竭。

Janet 最后总结时，只问了女孩一个问题：If you are here for everybody, who is going to be there for you？（如果你花心思讨好每一个人，谁来讨好你自己？）

无论是在学习、工作、生活还是在情感中，你总试图给身边的人留个好印象。

小时候，你知道了，会哭的孩子有糖吃；长大后，你又学会了，撒娇的女人最好命。

为此，很多时候你不得不放弃自己内心真正的想法，去答应一些不合理的要求。甚至放弃自己，成全对方。

你总是觉得，生活艰难，做人不易，你需要讨好某些人，生活才能更好一点。

所以，上学时你讨好老师，上班时你讨好前辈和领导，回到家里你又得继续讨好你的爱人。

杨绛先生说过，世界是自己的，与他人无关。

对的，你忘记了，这个世界上其实没有别人，只有你自己。所以，你又忘了，这个世界上，最需要讨好的人，也只有你自己。

说到这里，也许有人不服气，辩解道：我那不是刻意讨好！我那是情商高！

其实讨好和情商高的区别，很容易判断。情商高的人愉悦别人，顺便把自己也愉悦了，收获的是成就感；而讨好的人愉悦别人，就先把自己放弃了，收获的是安全感。

这个世界真的不存在一种一定需要你去讨好的情况。如果存在一定要讨好的环境，那这个环境中，就一定也存在着藐视、玩弄和不够尊重。

其实不尊重不是最可怕的，讨好也不是最可怕的。最可怕的是：藐视成习惯，讨好成自然。就是说，你被虐惯了，所以越虐你，你越开心。

你要做的事很简单，就是远离这样的环境，而不是去讨好。

赢得世界尊重的唯一方式，不是卑躬屈膝，不是刻意讨好，而是尊重你自己。

总有一天，你会明白，你要讨好别人，可以，但别忘记，先讨好你自己。

　　活着最重要的事，就是按自己的意愿活着，跟自己喜欢的一切在一起，永远不要试图成为那个不想让别人失望的人。

　　否则到头来，你可能讨好了所有人，却偏偏只讨厌那样的自己。

同流才能交流，交流才能交心

有人曾问我：帅帅，如果你只教一个技巧，让我改善我的沟通，这个技巧是什么呢？

这种问题很诡异，就像有人跑过来问你：老师，能不能给我推荐一本书，让我学好英语呢？这种问题背后的问题，是急功近利，一般来说，我是不回答的。

但这位同学的提问，却引起了我的思考：沟通是有技巧的，但沟通里最重要的技巧是什么呢？在沟通里最值得注意的一点，又是什么呢？

思索片刻，我有了答案。

1. 情商高就是不否定

有一回，我到苏州闭关写作。在 Airbnb（爱彼迎）上，我租了一个适合写字的房子。

入住的那天早上，房子的主人亲自接待。踏进门的一刻，我就被房子扑面而来的设计感给打动了。我走遍了世界，这却是我遇到过的，唯

——一个实景比照片还好看的房子。

主人站在餐桌旁，微笑着和我打招呼：早上好，我是卜落，欢迎入住我们家。

我环顾四周，看到一面墙的旅行照片，说：你们家布置的细节都很到位啊！

卜落开心地笑了笑，我继续说：你是设计师吧？还是，摄影师？

话音刚落，我就发现自己问了一个愚蠢的问题。万一她都不是呢，不就有点尴尬吗？

卜落又笑了笑，说：我哪有这天分，只是我平常很喜欢设计，也喜欢摄影，就把家里收拾得规整些。其实我是做创投的，就是 VC。

我马上接上一句：一看就知道你不简单。

我松了口气，感叹房东真是个沟通高手。

试想一下，如果别人猜你的职业，没猜对，一般人的第一反应是：不是，我是做 ×× 的。

随即最容易出现的情况，就是把天聊死。好的沟通，要你一句，我一句，然后一句接一句，不断递进。突然出现的否定，能马上把衔接和默契打断。

如果，你问我什么叫情商高？

我认为情商高就是不否定。听起来简单，能做到却很难。

卜落的沟通方式，除了不否定以外，其实还包含了刚才提到的最重要的沟通技巧，一共 4 个字：先跟后带。

2. 先跟后带就是同理心

什么是先跟后带？顾名思义，我先跟着你的方向走，再把你带到我的方向来。

从沟通上来说就是：我先给你正向的反馈，再说我想跟你说的事。

先跟后带，往浅了讲，是对人的尊重，往深了讲，是同理心。

有一次，我被邀请到一个亲子论坛上，做分享嘉宾，分享的内容是育儿心理学。

我跟现场的 500 多位父母，讲了我一个学员的案例。

我的学员是一位年轻的妈妈。有一天，这位妈妈回到家，发现她 4 岁的儿子，正趴在抽水马桶边上，并用里面的水洗手。

我问现场的爸爸妈妈，如果是他们自己的孩子，他们目睹这一幕，会如何反应？

有位爸爸是豪放派的，说：言传不如身教，我会直接走过去，在里面尿一下，让孩子知道，这是用来尿尿的，不是用来洗手的。

全场大笑。

然后有位妈妈是顾影自怜派的，说：我会躲在门边，偷偷地擦眼泪，为什么我的孩子从小就失去了正常人的智力？

有位妈妈是放任自流派的，说：一切都是最好的安排，我会顺其自然，孩子长大了，他自然就懂了。

现场气氛越来越高，大家纷纷举手表达观点。

还有位妈妈是骇人听闻派的，说：我会恐吓我儿子，告诉他你再在里面洗手，我就让你喝一口。

正在看书的你，也想想，如果是你的孩子，你会怎么做呢？

以上爸爸妈妈的回答，出发点都是对的，但在沟通方法上，或多或少都踏入了一个误区，就是：先入为主地假定孩子错了，然后采取各种方法和手段，来试图终止或改正孩子的"错误"。

那我一直辅导的这位妈妈学员，她是怎么做的呢？

她后来跟我分享，她见到这一幕的第一反应是吓坏；随即平静下来，走过去，蹲在孩子身旁，然后跟孩子说：宝宝会自己洗手啦，真乖！能告诉妈妈，为什么你在这里洗手吗？

孩子受到表扬很高兴，跟妈妈说：因为厕所里有两个洗手盆，一个高的，一个低的。爸爸妈妈是大人，长得高，就用高的。我是小朋友，长得矮，就用低的。

妈妈听到孩子那么懂事，很欣慰，说：宝宝会自己洗手，就是大人了！以后你跟爸爸妈妈一起，都用这个高的洗手盆洗手好吗？

孩子在妈妈的怀里，高兴地点了点头。

然后这位妈妈说：那我们现在就开始试一试，好吗？

孩子欢快地答应：好！

于是妈妈抱着孩子，抓着他的小手，在高的洗手盆里，把手又洗了一遍。

孩子在马桶里洗手，在成人的世界里，是个错误。但孩子真的有错吗？并没有。只不过是，我们太习惯把自己的想法，加在别人的身上；我们太习惯把自己看到的，认为是事实的全部，却从来没有想过，对方是怎么想的？为什么他要这么做？

如果你都不知道对方怎么想，你就永远不可能"跟"，也就永远无法"带"，沟通也就不复存在。

这位妈妈学员的做法，不仅是"先跟后带"的最佳案例，还是"沟通"这两个字的最佳诠释。

全过程，没有否定，没有打断，也没有消极情绪，最后却顺利达到了沟通想要的结果。

3. 先跟后带是情绪的认同

先跟后带，不仅体现在语言上，更多体现在情绪的认同上。

之前我有一个个案学员小飞，他很爱他的女朋友，可是他们的沟通出现了严重的问题。

小飞的女朋友，老是说小飞不懂她，有时候甚至会觉得，小飞没有认真听她说话。

小飞总是觉得很无辜，他觉得每次女朋友诉苦，他都在旁安慰，并想方设法，出谋划策。

当听到"出谋划策"的时候，我隐隐觉得不对劲，于是问小飞：你给我举个例子吧，你们是怎么沟通的呢？

小飞举了个例子，为了转述和理解的方便，下面我用第一人称来写。

有一天，女朋友下班回到家，我看到她一脸不高兴。

我问她：怎么啦？

她不说话，一副气坏了的样子。

我又说：到底怎么啦？

她终于开口，气急败坏：我们领导就是个白痴……

我马上安慰她说：没事的，这样的领导我见多了。我告诉你 3 个方法来应对……

我说了一大堆，女朋友好像也没听进去，后来好像还越听越来气，最后还摔门把自己关进了屋里。

说完，小飞一脸无奈。他似乎还没看出问题，但在我看来，问题已经很明显了。

但我不打算直接给小飞指出问题，我决定"先跟后带"他一下，我笑了笑说：我明白，也理解你的无奈。如果我是你，我也无奈。同时，如果我是你女朋友，我也肯定更生气。

小飞听我这么说，露出一个找到知音的表情，同时又有点不解，问：为什么女朋友会更生气呢？

我说：心理咨询的引导方法里面，有一个极为重要的方法，叫先跟后带。特别是面对闹情绪的人，先跟后带就该理解为先处理情绪，然后再讲道理，先感性，后理性。

小飞继续问：具体怎么说？

我说：当时如果我是你，我看到女朋友生气了，我会问，你在生气吗。当女朋友说领导是白痴的时候，我会立马说你们的领导简直就是浑蛋、白痴！然后再给女友一个爱的抱抱。

小飞茅塞顿开。

人有情绪时，千万别讲道理，讲再多，讲得再有道理，若有情绪在，一概听不进去。你要记住，任何情况下，要先解决情绪，再解决问题。

所以，下回你的闺密失恋了，与其和她讲"下一个会更好"，不如和她一起含泪痛骂"谁谁谁这个渣男"。泪水过后，呼吸平复，再跟她说，希望在明天，会有更好的。

同流才能交流，交流才能交心。真正的同理心，是设身处地地感受对方的情绪，然后进行同步。

说到"先跟后带"，不得不提，马云就是这方面的高手。

一次慈善晚会上，马云和一个小女孩同台演讲。登台前，他察觉到小女孩的紧张。

他问小女孩：小朋友，你紧张吗？

小女孩说：很紧张啊！

马云一脸认真地说：我跟你一样，我也很紧张。所以你不能紧张，不然我也会跟着你一块紧张的。

小女孩看着面前这个可爱的叔叔，被逗笑了，忘掉了紧张，最后出色地完成了演讲。

先尝试站在对方的角度，再带领对方一起前进。

很多时候，你的角度，就是你的态度。只有共情，才能同频。

"先跟后带"，除了日常沟通用得上，在特殊的情况下，甚至能创造奇迹。

一次讲座完毕，一个学生冲到台前来，他有点嫉妒又有点生气的样子，大声说道：你有什么牛的，你除了是个老师，就什么都不是。

我没有生气，更没有发怒，我已经习惯一种最好的沟通模式了。

我冷静地回应：是的，你说得对！其实我连老师都不是。我什么都不是，所以我什么都可以。

这个学生不知怎么被镇住了，无言以对，羞愧地跑下讲台。回去以后，他私信我说：老师，我没想到，一个人的格局可以那么大。

最后，他极力争取，成了我的助理。

那一刹那，我觉得很幸福。

什么是幸福？幸福就是两双眼睛，看同一个未来。

我想，这也是对"沟通"的最好理解了吧。

学会用绝对坐标沟通

1. 把话说清楚是第一步

有一次我回到北京，出首都机场，拿好行李往外走。机场交通管制，专车不能停靠，只能步行一段距离，到出口对面的停车楼，等司机来接。

我来到了和司机约定的地方等候，这时身旁的一位女孩，正和来接她的司机通电话。

她的声音有点大，引起了我的注意。

女孩说：我就站在你说的门前啊，我穿了粉红色的连衣裙，还挎一个粉蓝色的小挎包。

几秒钟后，女孩又重复了一遍：对啊，我就在 4 号停车楼北门，穿粉红色的衣服，挎粉蓝色的包。

又过了一分钟，女孩有点气急败坏，对电话那头嘶吼道：都半小时了，怎么就找不到我呢？北门，粉红衣服，蓝色包！

我转过头一看，吓了一跳，这女孩穿的，分明是一条粉蓝色的裙子，挎着一个粉红色的包！司机能找到才怪了！

我有点替那头受气的司机抱不平，心想：女孩，我劝你善良些，这样的智商，活着不累吗？

沟通的最重要目的之一，就是避免反复沟通。

把话说清楚，把情况表达正确，是所有沟通最基本的要求和前提。

2. 用绝对坐标沟通

但你有没有想过，怎样的表达才是清楚的呢？

据说，迪拜王子到伦敦上大学，开学一个月，闷闷不乐。

他的父亲，迪拜酋长得知后，打来电话：和同学们相处得好吗？

王子诉苦：不好啊！

酋长问：为什么呢？

王子说：因为我的同学都不坐劳斯莱斯上学。

酋长问：那他们坐什么上学？

王子说：坐地铁。

半小时后，酋长再次打电话给儿子，兴高采烈地说：儿子，这下好了，爸爸给你买了一列新地铁。

当然，这只是个段子。大家的第一反应是，这位迪拜爸爸是"任性的土豪"，但你有没有想过，除了有钱，还有什么原因导致了最后的结局呢？假设说"坐地铁上学"的是普通人，不是迪拜的王子，那他的爸爸还会把这句话理解成"儿子的每个同学都拥有一列地铁"吗？

估计很多人的答案是，"不会"。这是因为我们每个人的表达，都离不开背后的情境，我们要表达的信息，并不都在我们说的话里，信息还要结合当时的情境才完整。

　　情境给沟通带来很多便利，特别是当两个人处于同一情境下时，表述就会变得简洁。

　　比如，两个朋友在书店，共读一本书，你可以用手，指着书上的话，对朋友说：你看这句话，写得多好，真是击中我内心了。这个表述既简洁，又清晰，也因为你们都在书店，才可以这么表达。

　　但是，如果这两位朋友的其中一位不在场，而在电话的另一头，哪怕对着同一本书，他也不知道你到底在说什么，这时候，你就应该说：在书的第 88 页第 13 行，后半句的那句话，写得多好，真是击中我内心了。这时候，表述才是清楚的。

　　教学生涯 10 余年，咨询生涯近 8 年，工作都基本与"沟通"相关，我特别注重沟通和表达的效率，我最常用到的一个技巧，叫作用绝对坐标沟通。

　　这是一个数学术语。我们把结合情境的表达称为相对坐标，不结合情境的表达称为绝对坐标。用大白话来讲，绝对坐标沟通的意思是：假设每个与你沟通的都是陌生人，也不处在同一情境中，你需要尽可能清楚、简练地将事情说明白。

　　比如，朋友聚会，大家约好了碰头地点，时间到了，你还耽搁在路上，朋友给你打电话，你说：我正在过来了。

　　在你的相对坐标里，你在哪里，乘什么交通工具，估算要多长时间，都是不言自明的。但对于电话的另一头给你打电话的朋友，却未必知道，所以还是一头雾水。

　　如果你学会了用绝对坐标沟通，你就会这样表达：我现在在朝阳国贸，坐地铁去你们五道口那边，大概需要 35 分钟，估计 7 点半就能到。

　　这样的沟通，不仅清晰，而且高效，关键是你把信息都一次说清楚了，对方就不用反复问你，你到哪儿了？怎么来？几点能到？

无论是给别人指路，还是为他人做指导，用绝对坐标沟通，都能把你的沟通水平提高一个维度。绝对坐标沟通的本质，是站在对方的角度，设身处地从对方的角度出发，充分为对方考虑，用对方听得懂的语言去沟通。

这点在恋人的日常沟通里，也特别值得注意，不然就会出现一种情况：明明我要的是苹果，偏偏你给我的是梨。

绝对坐标，就是假设对方完全不懂。

3. 类比是最好的解释力

爱因斯坦说过，如果你不能把一件事情表述得很简单，你就是没有完全弄懂。

曾有同行问我：帅老师，你已经是国内首屈一指的名师了，你觉得，成为名师最重要的一项能力是什么呢？

我毫不犹豫地回答：解释力。

什么是解释力？简而言之，就是说人话，也就是把一件事情说清楚、把一件事物解释明白的能力。据说，爱因斯坦可以把相对论解释给8岁的小孩听，也可以解释给80岁的老奶奶听。

无独有偶，晚唐诗人白居易的诗，妇孺皆知。据《墨客挥犀》记载：白乐天每作诗，令一老妪解之，问曰："解否？"妪曰："解。"则录之，不解，则又复易之。故唐末之诗，近于鄙俚也。意思是，白居易每作一首诗，都要给不识字的老太太念一念，老太太能听懂的，就要，听不太懂的，就改，改后还听不懂的，就不要了。

我们继承白居易的精神，拓展爱因斯坦的做法，就可以设立"把事情说得简单易懂"的标准了，就是：你能否把事情给8岁的孩子讲懂，给18岁的青年解释透，给48岁的中年讲清晰，再给68岁的老人家说明白？

但值得注意的是，把一件事情说得简单易懂，不只是等同于把事情用简单的语言表述出来。

实践表明，在收听者的角度，很多时候，"熟悉"就意味着"简单"，而"陌生"就意味着"难"。所以除了运用绝对坐标来沟通以外，我们再拔高一个高度，增进把话讲明白的能力，这个方法叫作：用熟悉的事物来类比（比喻）。

比如我教英语的时候，教到一个语法点，叫"定语从句"。大多数老师的解释是这样的：这个是从句，在句子中做定语，所以叫定语从句！学生听得咬牙切齿，心里想：老师你这不是废话吗？！

而我的解释通常会是：你们只需要把定语理解为形容词，现在我们用一个句子来做形容词，这个句子就叫作"定语从句"，所以"定语从句"，就相当于一个"很长的形容词"，记住这点就够了。有时候，这个"很长的形容词"是不是还特别长啊，放在整个句子的中间特别不和谐，所以我们就把这个很长的形容词，扔到要形容的那个东西的后面去，这就是所谓的"后置"。

所以你看，我的学生不用去记"定语从句后置"是什么意思，他们只需要记得，这个形容词长，就要扔到后面去。因为"定语"对他们而言，很陌生，"形容词"对他们来讲，却很熟悉。而熟悉就意味着简单。

老师的天职，就是把问题变简单，而不是把问题变得更复杂。沟通的目的也一样。

再比如，我教了5年的词汇课。我讲"词根词缀记单词"，不会跟学生说，什么是词缀，什么是词根，因为这很陌生，也很难。我同样会用他们最熟悉的东西来做比喻，我会说：在英文里，我们不会用字母去记单词，就像我们不会用笔画去记汉字一样。我们记忆汉字的方式是通过偏旁部首，同样，记忆英文单词的方式，是通过词根词缀。词根词缀，就是英文单词的偏旁部首。

如果把两个技巧都理解透彻，你会发现，几乎所有好的沟通，都是两个技巧的叠加使用，就是"用绝对坐标沟通"加"用熟知事物类比"。

我之前也教授催眠的课，我跟学生解释什么是催眠：简单来说，整个人处于意识状态与无意识状态之间。具体的表现是，对人、事、物无条件地相信，甚至会找到理由把事情合理化，这就是催眠。平常生活中的催眠现象有很多，比如商场里最贵的，就是最好的；上司说的话，就是对的；专家说的话，就得相信。而人际关系中最接近催眠的现象，就是爱情，你眼中的对方，就是最完美的，所谓"情人眼里出西施"。

请记住，你的沟通质量，就是你的生活质量。而沟通质量的提升，就从把话说清楚、说明白开始。多站在对方的角度考虑，想想对方的立场和处境，注意沟通时对方的回应。

多说人话，少说鬼话，不说废话，只有这样，沟通才真正地发生。

不然，你所谓的沟通，不过是在自言自语而已。

真诚，是最有效的沟通技巧

你自我感觉如此良好，身边一定没有对你说真话的朋友吧！

其实，你身边缺的永远不是朋友，而是一个愿意对你说真话的人。

1. 有人对你说真话，是幸运

记得我立志成为作家，是 2014 年。正儿八经地把写作这事排上日程，开始练习写作，是 2015 年。

2015 年的一天，我连续 4 小时，一气呵成，写了一篇文章。最后一看字数，3500 字，那一刻，觉得自己实在太牛了，沾沾自喜，四处寻求肯定。

我兴致勃勃把文章发给朋友，朋友们都说很好，有启发。我扬扬得意，又把文章发给一些作者，他们都说很不错，可以写书了。我觉得自己简直是天才，但我还不满足，继而把文章发给了郑大师。

郑大师，本名郑宏山，年过天命，是我大学时的启蒙老师。他和其他大学老师不一样，不仅爱教学，而且爱学习。他会认真准备每节课上课的 PPT 和素材，他虽学富五车，但从来书不离手，是我见过最爱学习的老师。

那时我们学校治学风气不好，每当大师读书时，总有同事过来调侃：大师，你又在看书啊！大师只是笑笑，又埋头到书中。

正如我在宿舍里看书，舍友总过来调侃：帅帅，你又在学习啊！

可能是处境相仿，我和大师特别惺惺相惜。

平日没课，大师总爱泡上一壶热茶，然后翻开典籍，细细阅读；我没课的时候，总爱跑到办公室，坐在大师身旁，或陪他读书，或听他耳提面命。

大师见我过来，总是抬头托一托玻璃瓶底厚的眼镜，说：小帅来啦！快过来，我又发现一本好书。

大学 4 年的收获，毫不夸张地说，一半来自自学，一半来自郑大师。在看不到希望的时候，他给过我特别多的启发与勉励。

我想，如果谁有资格点评我的文章，非郑大师莫属。难得写出一篇不错的文章，要请大师指点。

不一会儿，收到了郑大师的回复。大师的回复如下：

"小帅，大作拜读，亮点多多，比如：情真意切，细节感人，等等。无须赘述，还是开诚布公地谈谈文章的不足之处吧。话说得可能重些，想必能体察老夫苦心，不以为忤。1. 句子松散、冗长，英化趋势严重，比如，'给……小结'等；还有，开头过于平淡。古人云，文章开头要如豹尾，意思是要有力。比如，文章开头可先概括一下：我的事业发轫于 2008 年，那年我从执信中学毕业，刚好 18 岁。2. 缺乏文采，读起来节奏感不强。3. 词汇匮乏，重复过多，削弱了句子的表现力，比如，'满满的，满满的'，可以换个说法，比如，交口称赞，好评如潮。4. 行文缺乏富于个性的基调，即风格，比如或幽默，或亦庄亦谐，或冷峻尖刻等。你说极佩服鲁迅，那就该研究一下鲁迅文章的风格，特别是他绷着脸说幽默话，逗别人笑而自己不笑的本事。5.缺乏能让人记住的个性化警句。今天坐车去广州，在路上随手写下几点感受，若有冒犯，还请见谅。"

他接着说："解释一下，考虑到你现在的地位与影响力，说话、写文章应该有更高的标准，因为你的文章有可能被许多人传诵，故我对你文章的评价也更苛刻。比如，你的文章里不乏富于哲理的真知灼见，只是不够精练，不能朗朗上口，让人记住；比如，'受到……接近'明显是搭配不当；比如'我去学习演讲；我去自学国学'，这里的'去'字明显是个赘字。"

我来回看了两遍，潸然泪下。既为自己的浮躁、不严谨惭愧，也为大师的真心实意感动。

不禁反思，进入社会后，大家只求务实，不求真实。假象越来越多，真相越来越少。你的朋友越来越多，对你说真话的却越来越少。他们不是不想说，而是不敢说，更多人会认为，说真话容易得罪人，没必要。

世界是一面镜子，别人怎样对你，你也怎样对人。所以你学会了圆滑，习得了世故，戴上了面具。别人不说真话，所以你也不说了。

这就不难理解中国独有的"酒局文化"了。为什么重要的事情、巨大的生意都在酒桌上谈成？因为酒过三巡，菜过五味，大家才卸下防备，脱下面具。所谓酒醉三分醒，玩笑三分真，酒品即人品。酒后方见真人，用我心见你心，才能用真心换真心。

在清醒的时候，有人对你说真话，是一种幸运。

2. 本该对你说真话的人

我把郑大师的话打印下来，贴在案头，日夜自勉，一年之后，文章渐渐有了长进。

2018 年，正逢知识付费浪潮，互联网上卷起一股写作热。我有一朋友，老仙，他是写作爱好者。

作为初学者的老仙，十分勤奋，每天写 5000 字。完成后，他会迫不及待地把文章发到一个 500 人群，希望得到大家的"指点"，和文章一同发出的，还有一个群红包。

大家纷纷点击红包，然后纷纷赞美和感叹，有人说："完全是大师之作！"也有人说："简直是神来之笔！"老仙获得了高评价，非常开心，逐位叩谢。

我是个爱学习的人，看到大家交口称赞，好奇点开文章学习；文章确实有一些优点，可是更多的是缺点，甚至是硬伤。

比如，写作有 3 个境界：我心，他心，天下心。老仙的文章，更着重于"我心"，表达上，说好听了，是翔实；说难听了，是话痨。内容上，说好听了，是直抒胸臆；说难听了，就是自鸣得意。总体而言，是一篇小学生日记，风格上是老奶奶式的碎碎念。

当然于我而言，优点缺点都是学习，都给我进步。但对老仙来说，不明真相，无视缺点，无疑是后退。

我突然明白过来，所谓"吃人家嘴短"，大家之所以赞美，不是因为文章，而是因为红包。

老仙如此这般坚持了半年，写了半年的 5000 字文，发了半年的红包，水准却一直停在半年前。

世界上有 3 种可怜，第一种是被人欺骗，第二种是欺骗别人，第三种是自欺欺人。

其实，有时候不说真话没问题，偶尔展现一下高情商也没人怪你，但底线是不说假话。

假话可怕，但更可怕的是，本该对你说真话的人，对你说了假话。

像我常说的：如果有人告诉你你错了，请不要难过，也不要解释。你运气很好了，知道吗？

3. 敢于说真话，也勇于听真话

长大后，除了父母，很少人会跟你直言你的缺点，不断提醒你，甚至骂你、批评你，一方面是为了社交，没必要撕破脸皮，更多的是大家都很忙，别人的事没时间操心。

人都爱听自己爱听的话，但爱听的不一定是真话，而真话总是让人不太爱听，因为它意味着真相。

良药苦口，忠言逆耳，真话扎心。

作为说话者，要学习说真话的技巧。因为说真话是态度，不是方式，不代表过分直白，更不代表以说真话之名来伤害别人。说真话的你，本意是为对方好，所以说话时，也要把对方的心保护好，特别要注意场合和时机。

作为听话者，要拥有接受真相的气量。想想为什么你身边无人对你说真话？是不是你太玻璃心？你总是把别人的提醒当批评，把别人的建议当攻击。没等人说完，你就极力为自己辩护，甚至还击，直到没有人再敢对你说真话。

莫把批评当评价，每一次人家说你不够好，对你来说，可能都是一个机会。

简而言之，说真话而不失体面，听真话而不失气度。

无论是愿对你说真话的人，还是肯听你说真话的人，都是万里挑一，用生命去珍惜吧！

后 记
Postscript

你好，我是这本书的作者，帅健翔。

感谢你读完了这本书，无论你有没有察觉到，我想告诉你，改变已经在你身上悄悄地发生了。

但改变一次很简单，持续发生改变却很难，为此我想再叮嘱你一下：读完这本书，不是结束，而是刚开始。

请记住这条人生前进的秘诀：这不是结束，而是刚开始。

只有你充分理解这句话，并把其作为人生信条一样去履行，你的改变才能持续地发生。这时候，别人的终点是你的起点，你对自己的标准不一样了，结果自然会不同。

可是别误会，我不是不相信人，我只是更相信人性。人性本懒，人太容易陷入自己原有剧本的无限循环当中。

这些年，我到过中国的广州、深圳、上海、台湾、香港、北京，也到过韩国、美国、澳大利亚、新加坡、俄罗斯、马来西亚、日本等地。

以上地方，我都定居过比较长的时间。在不同文化、不同地域背景下，我遇上过近百万的形形色色的人，我也有幸帮助过其中的一部分人。

这些经历，让我有幸目睹了，很多人大声嚷嚷着要改变，最终却毫无意外地回到自己原有的状态中。能真正发生改变、超越过去的自己的人，只占少数。

我开始研究，普通人和最后能超越自我的人，有什么区别？

最后我发现，答案竟意外简单。

那是因为，普通人有一个通病：常常都在想，永远都在说，从来都不做。

所以，读完这本书后，我真的希望你能为了自己，为了自己想要的生活，真正开始做点什么。只要你开始做点什么，你就已经变得和绝大多数普通人不一样了。

至少从现在起，你可以为自己做的事是，开始把这本书读第二遍；并在读的时候，画下一些对你有所启发的句子；甚至，背下一些对你有用的段落。

记住，做了就比不做要强。

当然，做了能不能做出成果，就是后话了。这要看你是否能灵活运用这本书里提到的理念、方法和策略了。

●

这本书的完成，前后用了整整一年的时间，可谓是历尽艰辛。我从2018 年的 6 月正式动笔，开始的半年，起早贪黑，写了 80 万字；又用了3 个月的时间，删减到 50 万字，最后陆陆续续删改成你现在看到的这本书。

别担心错过了什么，因为去掉的都是糟粕，留下的都是精华。

创作的阶段，我给了自己一个标准：我手写我心，知无不言，言无不尽。改稿的阶段，有点强迫症的我，又给了自己一个标准：改到一个字都不能再改为止。

带着偏执，我常因改稿通宵达旦，常觉得一篇文章不够完善，不由自主地看了一遍又一遍，直到把同一篇文章改了数百遍，直到自己在书桌上晕过去。

还记得书最后完成的那一天，我如释重负，带着满满的成就感，我对着镜子，看着头上新冒出来的几根白发，感慨万分，我对自己说：哪怕是满头白发，这样也值了！

如果这本书有一些话能打动你，有一些话能帮到你，有一些话能让你走出迷茫、突破现状，甚至看到人生的可能、自己的理想，这就是对我一年来辛劳的最大肯定和嘉奖，请别忘了告诉我！

这是我的第一本书，这本书从无到有，离不开很多人的支持，感谢我的父母和所有家人一直以来对我小任性的"纵容"，让我有了不同寻常的脑洞和独立思考的能力。

特别鸣谢向华强太太陈岚女士的大力推荐；感谢好友李尚龙老师毫无保留的帮助，让这本书在出版的过程中避开了许多弯路；感谢我的编辑李彩萍老师，她用多年的经验和专业，让这本书尽善尽美，有了最极致的呈现。

感谢罗天舒老师、Scalers 老师、胡洪江老师、刘媛媛老师、张展晖老师、韩承毕老师、李娜老师、程一老师、王艾思老师，你们亦师亦友，及时雨般地伸出援手，无论是言语上的鼓励，还是行动上的支持，这都让在北京独自奋斗的我，倍感温暖，不再孤独。

感谢一直以来不离不弃的铁粉们。有一次一位同学跟我说：老师，关注你 7 年了，终于等到这本书！我泪如雨下。

也感谢一直支持我的同学们，还有曾经陌生却因为这本书而遇见的你们。

有你们，是我此生最大的福气。

第一本书也许不那么完美，但请相信，我已经尽力做到了最好，只要你们在，我就会一直写下去。

我相信，你们会越来越好，我的书也会越来越好。

如果你有任何的想法和疑问，欢迎随时来微博（微博搜索：@ 小帅老师）和我说说。

如果你为本书写了读后感，请告诉我，挑选后，我会发布在我的公众号（公众号：帅健翔）上。

如果你从这本书中获得了任何有价值或有帮助的建议，我希望你能送一本给对当下工作或现状不满意的人。如果你为人父母，我希望你送一本给正开始想象未来的孩子。

这么说不是因为想卖书，你甚至可以从图书馆借，我不在乎，我这么说是因为希望每个人都知道，哪怕你再弱小，都有机会找到自己的优势；哪怕起点再低，都有机会突破和崛起。

只要你愿意，你总可以做点什么，来改变现状。而你唯一的敌人，就是你自己。

最重要的是，每一个人，都有机会找到自己的天赋，建立自己的优势，不断学习和成长，活成自己想要的样子。

接下来的一年，我会带着这本书，带着一个精心准备的优势成长讲座，去到全国各地，跟大家见面。最新巡回演讲动态，会更新在我的微博（@小帅老师）上。

期待和你相见，到时候，别忘了和我握个手、合个照，说说自己最近的改变。

最后，在你犹豫的时候、难过的时候、迷茫的时候、失落的时候，别忘记翻翻这本书。

人生不如意事，十有八九，常想一二。

关键是，别害怕，我都在！

帅健翔

2019 年 6 月于北京

图书在版编目（CIP）数据

优势成长 / 帅健翔著 . -- 长沙：湖南文艺出版社，2019.8

ISBN 978-7-5404-9301-1

Ⅰ.①优… Ⅱ.①帅… Ⅲ.①成功心理—通俗读物 Ⅳ.①B848.4-49

中国版本图书馆 CIP 数据核字（2019）第 110308 号

上架建议：商业 · 成功励志

YOUSHI CHENGZHANG
优势成长

作　　者：帅健翔
出 版 人：曾赛丰
责任编辑：薛　健　刘诗哲
监　　制：蔡明菲　邢越超
策划编辑：李彩萍
特约编辑：李美怡
营销支持：侯佩冬　傅婷婷　文刀刀　周　茜
版式设计：潘雪琴
封面设计：主语设计
出　　版：湖南文艺出版社
　　　　　（长沙市雨花区东二环一段 508 号　邮编：410014）
网　　址：www.hnwy.net
印　　刷：三河市中晟雅豪印务有限公司
经　　销：新华书店
开　　本：875mm×1270mm　1/32
字　　数：230 千字
印　　张：9.5
版　　次：2019 年 8 月第 1 版
印　　次：2019 年 8 月第 1 次印刷
书　　号：ISBN 978-7-5404-9301-1
定　　价：45.00 元

若有质量问题，请致电质量监督电话：010-59096394
团购电话：010-59320018